Buch

Gibt es das überhaupt, daß ein Mensch, dessen Leben eine fast ununterbrochene Kette von Katastrophen ist, nicht nur die eigene Verzweiflung besiegt, sondern darüber hinaus noch anderen Menschen Lebensmut und Kraft zur Hoffnung schenkt? Die Antwort auf diese Frage ist das vorliegende Buch. Martin Gray, der die eigene Lebensgeschichte hier nur andeutungsweise und in einzelnen Szenen schildert, zeigt, daß in jedem von uns eine geheimnisvolle Quelle verborgen ist, die Liebe, Vertrauen und Zuversicht spendet. Es kommt nur darauf an, diese Quelle, die den Baum unseres Lebens nährt, aufzuspüren, um aus ihr die Kraft zu sinnerfülltem Dasein jeden Tag neu zu schöpfen.

Autor

Martin Gray, Jahrgang 1925, wächst als Sohn einer jüdischen Familie in Warschau auf. Bald nach dem Einmarsch der Deutschen in Polen wird er zusammen mit seiner Mutter und seinen Geschwistern in das Konzentrationslager Treblinka deportiert. Doch unter dramatischen Umständen gelingt ihm die Flucht. Als Partisanenkämpfer nimmt er am Aufstand des Warschauer Gettos teil. Von seinen Jahren des grausamen Überlebenskampfes legt der Autor in seinem Buch »Der Schrei nach Leben« Zeugnis ab.

Nach dem Krieg wird Martin Gray in Amerika erfolgreicher Geschäftsmann, zieht sich aber nach Südfrankreich zurück, um ganz für seine Frau und ihre vier gemeinsamen Kinder zu leben. Am 3. Oktober 1970 kommt seine ganze Familie bei einem Waldbrand ums Leben.

Von Martin Gray ist als Goldmann-Taschenbuch
bereits erschienen:

Der Schrei nach Leben. Roman (8575)

In Kürze folgt:

Wie ein Baum gepflanzt an Wasserbächen (8930, Februar 1988)

Martin Gray

Des Lebens Ruf an uns wird niemals enden

Die Lebensphilosophie
des Autors von
»Der Schrei nach Leben«

GOLDMANN VERLAG

Aus dem Französischen übertragen von Ulla Leippe.
Titel der Originalausgabe: Le Livre de la Vie.
Originalverlag: Editions Robert Laffont, Paris.

Made in Germany · 11/87 · 1. Auflage
Genehmigte Taschenbuchausgabe
© 1973 Editions Robert Laffont, S.A.
© der deutschsprachigen Ausgabe:
1979 by Kreuz Verlag, Stuttgart
Umschlagentwurf: Design Team München
Umschlagbild: The Image Bank, Hans Wolf, München
Druck: Elsnerdruck, Berlin
Verlagsnummer: 8883
UK · Herstellung: Ludwig Weidenbeck
ISBN 3-442-08883-6

Inhalt

Vorwort 7

Erstes Kapitel
Der Himmel und das Wort 11

Zweites Kapitel
Die Quelle im Herz eines jeden von uns 27

Drittes Kapitel
Der Stein oder der einsame Mensch 75

Viertes Kapitel
Die Liebe 111

Fünftes Kapitel
Der Tod 133

Sechstes Kapitel
Das Leben 153

Siebtes Kapitel
Die Abgründe, in die der Mensch fällt 185

Achtes Kapitel
Das Schicksal 213

Ein Wort zum Schluß 231

Die Dina-Gray-Stiftung 233

Vorwort

Martin Gray gehört zu den Menschen, bei deren Lebensbericht man unwillkürlich ausruft: »Das ist unmöglich!« Doch sein Schicksal ist zwar außergewöhnlich, aber wahr. Er kommt 1925 in Warschau als Sohn einer bescheidenen jüdischen Familie zur Welt und ist vierzehn Jahre alt, als die Deutschen alle Juden der polnischen Hauptstadt im Getto von Warschau isolieren. Damit beginnt für Martin Gray eine heroische und tragische Epoche, in der er nacheinander Waren ins Getto schmuggelt, nach Treblinka deportiert wird, dem Vernichtungslager entkommt, im Warschauer Aufstand kämpft, Partisan wird und schließlich als Offizier der Roten Armee – einer der jüngsten und der höchstdekorierten – 1945 an seinem Geburtstag in Berlin einzieht. Der Sieg erfüllt seinen Schwur: Martin Gray hat den Seinen, die in den Kämpfen und in Treblinka starben, die Treue gehalten. Er hat die Mörder besiegt. Doch sein Sieg ist nicht nur der eines Kämpfers, er ist ein Sieg des Menschen: Martin Gray wollte überleben, um Zeugnis abzulegen, um die Erfahrungen der Seinen weiterzugeben.

Er beschließt, in die Vereinigten Staaten zu gehen, wo seine Großmutter lebt, und dort wird der junge Einwanderer in wenigen Jahren ein reicher Geschäftsmann. Aber sein Ziel sind nicht die Tausende von Dollar, die er verdient – er wünscht sich das Glück, Kinder zu haben, die sein Leben weitertragen. Als er Dina begegnet, weiß er, daß er endlich diesen seit Treblinka gehegten Traum verwirklichen kann. Er heiratet und richtet sich auf einem großen Grundstück oberhalb von Cannes ein. Er ist erst fünfunddreißig Jahre alt. Doch er kann sich schon von den Geschäften zurückziehen. Er ist reich. Und dort, in Les Barons, in dieser Festung seines Glücks, zieht er zehn Jahre lang seine vier Kinder auf. – Doch das Schicksal ist noch nicht fertig mit ihm: Am 3. Oktober 1970 kommen Dina und die vier Kinder bei einem Waldbrand ums Leben.

Jeder andere als Martin Gray hätte sich jetzt wohl fallenlassen, hätte aufgegeben. Nichts davon bei diesem außergewöhnlichen Menschen: Er benutzt sein Unglück wie eine Waffe, er gründet die »Dina-Gray-Stiftung«, die gegen die Zerstörung der Natur kämpfen soll, gegen Brände und Umweltverschmutzung, denn sie bedrohen heute das Leben des Menschen wie sonst der Krieg. Martin Gray gibt dann seinen Lebensbericht: »Au nom de tous les miens« (Im Namen all der Meinen), und das Buch wird sofort zu einem ungeheuren Erfolg: 400000 in Frankreich verkaufte Exemplare, achtzehn Übersetzungen, großer Erfolg in den Vereinigten Staaten. Die deutsche Auflage erschien 1976: »Martin Gray – Leben, aufgezeichnet von Max Gallo« (1980 als Neuauflage unter dem Titel »Der Schrei nach Leben«). Doch das Wesentliche ist nicht der Welterfolg. Sicherlich begrüßt ihn Martin Gray, weil er hier Millionen Leser mit der Geschichte der Seinen, eines ganzen Volkes, bekanntmacht. Aber die Hauptsache: Das Buch ist vor allem eine einzigartige Lektion in Mut und Hoffnung.

Aus allen Teilen der Welt, in vielen Sprachen kommen Briefe an Martin Gray, um seiner Ausdauer, seinem Vertrauen in die Menschen zu huldigen, um brüderliches Mitgefühl zu bezeugen; vor allem aber, um ihm zu sagen, welche Kraft zum Leben die Leser aus dem Buch gewonnen haben, und ihn zu bitten, weiter über das zu sprechen, was er durchgemacht hat, was er aus seinem beispielhaften Leben gewonnen hat. Die Leser baten ihn, seine Erfahrungen zusammenzufassen. Die Antwort auf Tausende ihrer Fragen gibt Martin Gray in dem vorliegenden Werk.

Robert Laffont

Der Himmel und das Wort

Der Himmel und das Wort

Noch nie hatte ich den Himmel betrachtet wie an diesem Abend. Ich kam aus der Stadt zurück, als die Dämmerung endete, ich ließ den Lärm hinter mir, das Getöse, das von der Straße heraufdrang, ich ging an den letzten Häusern vorbei, ich sah unter mir die Straßenlaternen. Ich kam in die Stille.

Mir war, als wäre ich allein zwischen Erde und Himmel.

Als ich auf der Hochebene anlangte, mochte ich nicht mein verlassenes Haus wie ein gestrandetes Schiff betreten. Ich bin durch die Felder gegangen, auf die Bäume zu, die sich wie ein zerrissener Vorhang vor dem Horizont abhoben. Nach der durchdringenden Hitze des Tages war der Abend angenehm. Von der Erde stieg der Duft trokkener Kräuter auf. Ich ging. Zum ersten Mal seit Monaten spürte ich Frieden.

Ich verdankte ihn wohl der alten Dame, die am Nachmittag zu mir gekommen war, als ich mein erstes Buch »Leben« signierte. Männer und Frauen gingen an dem kleinen Tisch vorbei, hinter dem ich saß. Sie drückten mir die Hand, ich sagte irgend etwas. Ich signierte.

Aber meine Gedanken waren anderswo, mein Kopf war voll von Lärm, voll von Bildern, wie immer, wenn ich mich den Lesern vorstellte. Wer war ich denn für sie? Ein Mann, der überlebt hatte, der ihnen ein Buch hinhielt. Sie wunderten sich über mich. »Ich hätte Sie mir älter vorgestellt«, sagten sie oft. Manchmal erzählten sie mir aus ihrem Leben. Ich hörte ihnen zu, aber in mir sprachen andere Stimmen, unaufhörlich.

Die Stimmen der Meinen. Ich hörte die Schreie, die aus

Erstes Kapitel

der Tiefe des gefolterten Europas aufstiegen, wo ich gelebt hatte, Seite an Seite mit dem Tod, ich hörte das Lachen meiner Kinder, die mir entgegenliefen. Ich sah die Trümmer der verbrannten Städte, die zu Stein gewordenen Leichen, und ich sah den Wald, den brennenden Wald, in dem ich meine Familie vergeblich suchte.

Ich signierte. Ich hörte zu. Aber ich war weit weg, bei meinen Erinnerungen, die mich nie verließen, die in mir lebten. Manchmal stand jemand wartend vor mir, und ich vergaß ihn. Meine Hand zögerte. Schwindel packte mich.

Was bin ich? Wer ist dieser Mann, der vor einem aufgeschlagenen Buch sitzt? Bist du es? Diese Fotos von den Deinen, deines Kindes, deiner Kinder, deiner Frau, warum sind sie in diesen Seiten eingesperrt? Was ist dieses Buch? Wer sind die Leute, die dich ansehen? Was wollen sie?

Dann kam ich wieder zu mir.

Ich signierte. Diese Fotos, diese Worte berichteten von meinem Leben, von meinem Glück, von meinem Unglück, von meinem Kampf und meiner Hoffnung. Ich war der Überlebende. Ich wußte, daß es richtig war, hier zu sein und meine Botschaft zu übermitteln. Weil Tausende von Lesern es mir geschrieben hatten, wußte ich, daß meine Worte die richtigen waren, denn sie hatten mein Zeugnis in alle Länder gebracht. Ich hatte Briefe aus Italien und Japan erhalten, aus Amerika und Afrika, aus Deutschland und Polen, Frankreich und England. Frauen und Männer, Kinder und alte Leute, Professoren und Bauern, alle wollten mir ihre Ergriffenheit aussprechen. Mir danken. Es waren die Meinen, an die sich ihre Briefe richteten. Ich war nur der Überlebende, ein unentbehrlicher Zeuge. Deshalb hatte ich überlebt.

Aber Frieden empfand ich nicht. Die Bedrohung durch das Leben fühlte ich oft unerträglich stark. Wenn man mir die Bücher hinhielt, drängte es mich oft, zu fliehen, mich zu verstecken. Meine Geschichte für mich zu behalten, mich nur noch über mein Unglück zu beugen.

Aber ich machte weiter, denn ich hatte mich dazu verpflichtet. Ich war ihrem Andenken verpflichtet, und jeder Leser war ein weiterer Grund, fortzufahren. Sie vertrauten mir. Ich mußte weitermachen, ich mußte der Vorstellung entsprechen, die sie sich von mir gemacht hatten. Mein Leben war erfüllt von ihrer aller Leben.

Leicht war es nicht. Bis zu diesem Nachmittag hielt mich die Unruhe im Griff, wenn die anderen es auch nicht merkten. Ich lächelte ihnen zu. Die Tränen blieben in mir.

Und dann ist diese alte Frau zu mir gekommen. Sie stand aufrecht vor meinem Tisch und drückte mein Buch an die Brust. Sie lächelte. Und hinter ihrem Lächeln glaubte ich andere alte Gesichter zu sehen, das Gesicht meiner Großmutter, die mich empfangen hatte, als ich nach dem Inferno Amerika erreichte. Das Gesicht anderer Frauen, zwischen den Trümmern Warschaus, einen Augenblick lang wahrgenommen, für immer verschwunden. Und dann sprach die alte Frau, sprach sanft: »Ihr Buch hat ein Leben gerettet.« Sie erzählte von ihrer verzweifelten Tochter, die nicht mehr die Kraft zum Leben aufbringen konnte, als ihre Träume, einer nach dem anderen, zerbrochen waren.

Erstes Kapitel

»Das Leben war hart gegen sie«, sagte die alte Frau, »es war hart.« Zufällig hatte sie dieses Buch, mein Buch, mein Leben, das Buch der Meinen, bekommen. Und es hatte etwas bewirkt. »Ich kann es Ihnen nicht erklären«, sagte die alte Frau, »sie ist anders geworden, sie will jetzt leben, sie hat Arbeit bekommen, ich glaube, jetzt wird sie es schaffen.« Sie preßte noch immer das Buch an die Brust. Weil ich doch irgend etwas sagen mußte, fragte ich: »Möchten Sie, daß ich es signiere, Madame«?

Sie schüttelte den Kopf.

»Deshalb bin ich nicht gekommen. Ich wollte Ihnen danken.«

Sie legte mir die Hand auf die Schulter.

»Sie müssen so weitermachen, sprechen, zu den Leuten sprechen. Die Menschen wissen nichts. Manchmal genügen wenige Worte. Wer weiß, was dann geschieht – ein paar Worte genügen, und alles ändert sich. Es ist, als ob sie etwas entdeckten, was sie vorher nicht erkannt hatten.«

Sie ging.

Ich bin mit dem Signieren fortgefahren. Doch ihre Worte klangen in mir nach. Und andere Worte, die ich überlesen hatte, Sätze, die ich in allen Briefen wiedergefunden und aus denen ich die Kraft zum Weiterleben genommen hatte und die mir doch unbehaglich gewesen waren. Das Gesicht der alten Frau, das mich an so viele andere Gesichter erinnerte, hatte Leben in diese Sätze gebracht. Ich begriff.

Die Worte und das Reden haben eine unerwartete Kraft.

*Sie sind Sturm oder Windhauch,
Wolkenbruch, der zerstört, oder Wasser, das tränkt.*

Daß Wörter töten, wußte ich. Diese Befehle von Männern in schwarzer Uniform – und Tausende traten an die Gräben. Und andere Wörter genügten, bis dahin schuldlose Männer zu Henkern zu machen, und andere Wörter verwandelten die Unschuldigen in Schuldige. Ich wußte auch, daß die Wörter von Güte und Hoffnung, die Wörter des Glücks zur Sonne eines Lebens werden.

Doch das Wissen allein ist nichts, es muß in unser Blut eingehen.

Diese alte Frau hatte mir plötzlich klargemacht, daß die Wörter alles können, wenn sie nicht nur eine Zusammenstellung von Buchstaben sind, sondern Fleisch und Blut einer Existenz.

Wenn die Worte meines Lebensberichtes solche Macht gehabt hatten, Macht, ein Leben zu ändern, dann nur, weil ich sie mit meinem Schmerz, mit meiner Hoffnung, meinem Willen geschrieben hatte, weil sie die Worte derer waren, die ich geliebt hatte. Ich hatte ihnen nur mein Gesicht und meinen Namen mitgegeben.

Als ich die Buchhandlung verließ, fühlte ich zum ersten Mal seit Jahren, seit der Brand mein Leben verwüstet hatte, Frieden.

Es gibt Begegnungen, welche die Farbe der Dinge ändern; die ans Tageslicht bringen, was bisher in der Tiefe war.

Meine Worte, ihr Inhalt hatten den Weg zu diesem jungen Mädchen gefunden, das sich bisher jeder Hoffnung verweigert hatte. Und die Worte ihrer Mutter waren in mich eingedrungen und hatten mir Frieden gegeben: Kraft und Macht der Worte, wenn sie wahr sind.

Aber wer spricht noch mit anderen?
Wer wagt die Fragen zu stellen, die jeder in sich trägt?

Wir sind in den eisernen Ring unserer Gewohnheiten, unserer beruflichen Zwänge eingeschlossen. Unser Beruf, unsere Bedürfnisse, unsere Freuden, das ist es, wovon wir leben und wovon wir reden.

Doch eines Tages, denn so ist das Leben, wirft uns das Schicksal zu Boden, oder wir begegnen dem Unglück. Wir müssen ihm begegnen, denn die Geliebten um uns herum sind zum Sterben verdammt. Und weil wir nie gewagt haben, von dem zu sprechen, was wirklich zählt, verlieren wir dann den Boden unter den Füßen. Wir scheitern in quälender Angst, wir wissen nicht mehr, wie wir standhalten sollten.

Ich war schon als Kind in der Hölle. Ich wußte, daß Leben kein glatter Weg ist, ich wußte, daß Menschen sterblich sind, und ich wußte auch, daß mitten aus dem Glück sich plötzlich das Schreckliche erheben kann. Aber ich wußte auch, daß es das Glück gibt, daß man Glück schaffen kann und daß Hoffnung keine Selbsttäuschung ist.

An diesem Abend, als ich durch die Felder ging, über die warme, noch von Sonne erfüllte Erde, fühlte ich den Frieden in mir wie eine Kraft, und während ich auf die Bäume zuging, sah ich mein Leben wieder, Schritt für Schritt.

Ich hatte die Grausamkeit kennengelernt, Menschen,

die das Böse sind; ich hatte das Opfer der Menschen gesehen, die das Gute sind. Ich hatte die Städte in der Gewalt des Krieges gesehen und den Krieg, den Menschen mitten im Frieden in den Städten gegeneinander führen. Dann die Liebe, diese Kinder, die umherliefen, auf diesen Feldern, durch die ich an diesem Abend gehe. Und dieses Feuer, der Brand, der mein Leben zum zweiten Mal zerstörte. Das alles hatte ich erzählt. Für mich. Für die Meinen.

Meine Stimme hatte zu anderen gesprochen.

Und die anderen haben mir geholfen. Zuerst mein Volk, denn ich bin Jude. Da meine Familie zu den reformierten Juden gehörte, wußte ich vor dem Krieg kaum, was es heißt, Jude zu sein. Doch die Nazis kamen nach Warschau. Sie haben mich gezwungen, eine Armbinde und einen Davidstern zu tragen. Sie haben die Meinen getötet. Sie haben mir klargemacht, daß ich Jude war, und ich wollte es sein! Ich erinnere mich an jenen Offizier, der mich schlug. Als ich auf dem Boden der Zelle lag und zu sterben glaubte, war ich, der scheinbar Besiegte, stärker als er. Siegreich. Ich gehörte zu einer Gemeinschaft, zu einem Volk, das die Geschichte so oft verfolgt hatte, das Kaiser und Könige oft vernichten wollten. Aber die Gemeinschaft hatte überlebt. Und ich würde überleben.

Wir waren den anderen nicht überlegen, aber vielleicht, weil man uns geschlagen hatte, vielleicht, weil wir uns unseren Glauben bewahren konnten, waren wir hartnäckiger geworden, widerstandsfähiger, entschlossener, bis ans Ende des Lebens zu bleiben, was wir waren.

Dem Offizier habe ich zugeschrieen: »Ich bin Jude,

und du wirst mich nicht töten, es wird dir nicht gelingen, mich zu töten.«

Ja, ich war stolz. Wenn diese Tiere mit Menschengesichtern uns prügelten, uns, die Juden, wenn die Henker uns folterten, dann taten sie es, weil wir nicht zu ihrer Rasse gehörten: Dafür sei Gott gelobt.

Seitdem weiß ich besser, was es heißt, zum jüdischen Volk zu gehören. Mir scheint, daß mein Dasein, mein kleines Leben, dem meines Volkes gleicht. Man versucht, es zu vernichten, aber es wird wiedergeboren. Aus der Hölle des Krieges ist Israel auferstanden. Wie mein Volk werde auch ich niemals das Leben aufgeben.

Ich kam zu den Bäumen.

Ich legte mich auf die Erde, die Arme ausgebreitet, die Handflächen dem Himmel geöffnet.

Niemals hatte ich dieses unendliche, blaue, leuchtende Meer so betrachtet wie an diesem Abend.

Niemals.

In den Wäldern Europas, im Kriege, suchte ich am Himmel die Ankündigung des Schnees, der meine Spuren verwischen würde, oder den Aufgang der Sonne, die meinen Körper trocknen sollte. In den lärmenden Städten hatte ich den Himmel vergessen. Er war nur roter und gelber Widerschein der Leuchtreklame.

Später, hier, bei den Meinen, war der Himmel das Reich des kraftvollen, fröhlichen, lebendigen Lichts.

Manchmal nachts, in einer Nacht wie dieser, gingen wir mit meinen Kindern auf die Terrasse, sie hingen mir am Arm, sie zeigten mit dem Finger auf den Großen Bären, sie suchten die Milchstraße. Sie jauchzten, wenn sie den

Blitz einer Sternschnuppe über den Himmel fahren sahen.

Ich suche nach ihnen heute abend, nach den Sternen, die sterben, nachdem sie hell aufleuchteten. Sie vergehen, und das Universum bleibt, wie es war – ein Stern weniger unter Milchstraßen. Nichts. Und Unendlichkeit.

Ein Stern verlischt wie ein Leben in der Menge
von Milliarden Menschen.
Und jeder Stern, jeder Mensch ist ein Universum.
Wenn er stirbt, stirbt alles. Und alles geht weiter.

Nie hatte ich den Himmel betrachtet wie an diesem Abend.

In all den Jahren, in meinen drei Leben, dem Leben unter den Greueln des Krieges, dem Leben des erbitterten Ringens um Erfolg, dem Leben des absoluten Glücks, hatte ich nie Gelegenheit oder Mut gehabt, den Himmel zu betrachten. Und jetzt begriff ich, warum ihn die Menschen nicht betrachten. Sie flüchten sich in Akten, den Krieg oder in Freude. Wie ich mich geflüchtet hatte. Sie vergessen den Himmel, der die Welt umhüllt, den Himmel, der für alle derselbe ist. Sie wollen ihn vergessen, wie ich ihn vergessen wollte. Und die Städte mit ihren Hochbauten, die Städte mit ihrem grauen Dunst, ihren Lichtern verbergen ihn. Man braucht ihn nicht zu fliehen. Es gibt den Himmel nicht mehr.

An diesem Abend aber sah ich ihn.

Meine Augen wanderten mit der Milchstraße. Sie folgten dem Sturz eines Sterns, und ich verstand.

Ich hatte mich geweigert, den Himmel zu betrachten.

Ich war vor diesen weißen Spuren auf dem dunklen Meer geflohen, diesen Millionen geronnener Sterne, geflohen vor der Frage, die in uns auftaucht, wenn wir den Himmel betrachten: Warum? Ich war geflohen, und doch lagen hinter mir drei völlig voneinander verschiedene Leben, die alle von dieser Frage erfüllt waren. Mein Vater, meine Söhne, meine Frau, meine Mutter, ich hatte sie tot gesehen. Und Tausende anderer.

Mein Glück hatte ich gesehen, es tauchte plötzlich auf und verschwand in einem einzigen Augenblick.

Ich hatte das Böse und das Gute gesehen.

Das Tier mit dem Menschengesicht, das tötet, und den Menschen, der die Hand reicht und sein Leben gibt.

Doch keiner, auch nicht der Mann, der behaglich und geruhsam lebt, der Mann, der in diesem Augenblick in friedlichem Schlaf neben seiner Frau liegt, hier in der Stadt an der Küste des Meers, keiner von ihnen könnte behaupten, er sei diesem »Warum?« nicht begegnet. Kann einer sagen, daß er nicht gesehen habe, wie sich das Beil des Schicksals gegen die Seinen schwang?

Ich lag ausgestreckt auf der Erde, in der Stille. Ein leichter, frischerer Hauch stieg aus dem Tal herauf. Ich blieb unbeweglich, allein, als ob ich als der erste oder der letzte Mensch den Himmel betrachtete, unter dem so viel Leben davongeglitten war, unter dem noch so viel Leben beginnen, leiden, enden würde.

So viele Leben, die sich wie das meine lange weigerten, den Himmel zu betrachten, weil sie sich dann der Frage stellen mußten: *Warum?* Und den anderen Fragen, die aus diesem einen Wort aufsteigen.

Warum Himmel, warum Mensch, warum ich,
warum Leben, warum Tod,
warum Henker und Opfer, warum Glück und Unglück?
Und jenseits von diesem allen, was ist dort?
Der Zufall, das Schicksal, ein Gott der Gerechtigkeit,
oder einfach das Unbekannte,
das sich unseren Fragen beharrlich entzieht? –
Warum?

Dieses Wort am Himmel, über mir, dieses Wort, das ich nicht mehr umgehen, vor dem ich nicht mehr flüchten konnte, das sich mir auferlegt hatte, weil diese alte Frau heute nachmittag gekommen war, weil ihre Tochter Kraft aus meinen Worten gewonnen hatte.

Wenn ich auf diese Fragen mit lauter Stimme antwortete, würde es vielleicht einer hören, einer würde vielleicht in meinem Wort die Kraft finden, den Himmel anzusehen. Vielleicht könnten ihm meine Worte helfen.

Einst hatte ich in die von den Henkern eingeschlossene Stadt Getreide gebracht, es war mein Gewinn, meine Freude, meine Gefahr und meine Hilfe für die anderen gewesen.

Ich konnte noch eine andere Reise unternehmen, eine neue Mauer überwinden, die Mauer, die jeden Menschen umgibt und ihn in sich selbst einschließt. Ich konnte etwas bringen, nicht mehr einen Sack Getreide, aber meine Erfahrung und die Lehren, die ich aus ihr zog.

Ich war so oft zu Boden geschleudert worden und hatte mich so viele Male doch wieder erhoben, daß meine Stimme vielleicht gehört werden würde.

Ich brauchte nicht noch einmal mein Leben zu erzählen. Brauchte nur mich zu fragen. Ich mußte zu verstehen versuchen, aussprechen, was ich gelernt hatte: *Des Lebens Ruf an uns wird niemals enden.*

Ich bin aufgestanden, habe das offene Land verlassen, bin zwischen die verbrannten Bäume gegangen, und manche zeigten allmählich wieder Spuren von Leben. Triebe kamen an der versengten Borke zum Vorschein. Dort, wo alles verloren schien, würde ein neuer Wald entstehen. Dann würden die Vögel wiederkommen.

Weiter ging ich.

Die Stadt war so fern, unten, am Meer. Ein leichter Nebel verhüllte sie, verwischte ihre Lichter, erstickte ihren Lärm. Und hinderte die Menschen, den Himmel zu betrachten und die Fragen ihres Lebens zu stellen. Fragen, die sich stellen mußten.

Menschen, die wie ich zu erkennen versuchten, was sie waren und was sie sein sollten.

Wie ich davon bedroht, sich eines Tages allein zu finden, einsam wie Steine, die man auf ein Feld geworfen hat.

Die auf die Liebe warteten – ich kenne diese Hoffnung – und sie vielleicht fanden.

Die den Tod kennenlernten, als der Baum, den sie für ewig hielten, sich plötzlich spaltete und stürzte.

Die wie ich Leben gezeugt haben oder noch zeugen werden und staunend sehen, wie die Quelle wächst und zum Strom wird. Die vielleicht erlebten, wie sie versiegte. Die das Glück wollten und das Gesetz des Schicksals fürchteten.

Die lebten, ohne zu wissen, und manchmal, wie von einem Blitz erhellt, sich Fragen stellen mußten; die den unendlichen Himmel sahen und sich zitternd fragten, warum.

Ich bin in mein Haus zurückgekehrt. Ich habe kein Licht gemacht, bin im Dunklen, in der Nacht geblieben. Ich sah noch den Himmel und durch das Fenster die ungewisse Helligkeit, die über der Stadt lag.

Ich hatte Frieden.

Vor mir eine Aufgabe. Vor mir Worte, die ich zusammenfügen, ordnen, aussprechen mußte. Worte, Antwort auf diese Fragen, meine Fragen, Worte, die vielleicht anderen dienen.

Denn uns umfängt derselbe Himmel.
Denn wir sind aus demselben Stoff.
Denn wir alle sind Menschen.
Und das Wort, wenn es wahr ist, kann helfen
wie eine brüderliche Hand.

Die Quelle im Herz eines jeden von uns

Wer bin ich denn, daß mir das alles zugestoßen ist?

Jeden Morgen beim Erwachen ist diese beängstigende Frage da. Ich sehe mich im Spiegel. Ist es möglich, daß ich es bin, zu dem diese Geschichte gehört, bin ich es, der aus der Hölle entkam, ich, der das Glück kennengelernt hat, ich, der seine Vernichtung erlebte, ich, der sich allein fand und der überlebte?

Ich?

Ich sehe mich an. Wer bin ich denn? Mir scheint, daß ich mich kaum verändert habe. Ich erkenne in meinem faltiger gewordenen Gesicht die Züge des Kindes, das ich war, des jungen Mannes, der mit einer Waffe in der Hand rannte, ich erkenne das Gesicht meines Sohnes. Aber es ist meine Geschichte. Sie ist in mir, ich habe sie durchlebt.

Wer also bin ich? Warum ist das alles mit mir geschehen?

Ich gehe im hellen Morgenlicht aus, aber ich fühle die dichten Schatten in mir.

Ich bin mir ein Rätsel, und ich begreife nichts.

Ich gehe. Jenseits der Bäume lebt ein einsamer Bauer. Er arbeitet wenig, nur so viel, daß er zu essen hat. Er kennt nur eine Leidenschaft: malen. Er malt auf Kartonfetzen, auf Sackleinen, das er grundiert und in der Sonne trocknet. Niemand hat ihm Zeichnen beigebracht. Schon mit acht Jahren arbeitete er auf dem Feld.

An diesem Morgen überrasche ich ihn. Er sitzt auf einem Stein am Straßenrand und hält ein Brett auf den Knien. Weil ihm die Sonne ins Gesicht scheint, hat er die Augen halb geschlossen. Er wendet den Kopf, als er mich sieht. Ich stelle mich zu ihm.

»Ich will die Farbe beim Sonnenaufgang haben, verstehen Sie«, sagt er. »Das Licht, das ändert sich ständig.«
Ich bleibe ruhig stehen und sehe ihm zu.
»Warum malen Sie? Sie...«
Er zuckt mit den Schultern, unterbricht mich: »Das ist nun mal so, das steckt in mir, schon lange. Es treibt mich dazu.«
Auch ich kenne diesen Drang, den man weder durch Vernunft noch mit weiser Vorsicht zurückhalten kann. Es war das Bedürfnis zu kämpfen, in das zerschundene Warschau zurückzukehren, Bedürfnis zu überleben, um dadurch zu siegen, und heute ist es das Bedürfnis, weiterzuleben, um zu sprechen, zu verstehen. Es ähnelt dem Bedürfnis des Bauern.

*Dieses Bedürfnis ist das Herz unserer Persönlichkeit,
unser glühender Herd.
Rätselhaft. Es macht aus uns, was wir sind.
Aber wer gießt diese Kraft in uns?
Wer läßt die Schwäche in uns frei?
Jene kann uns retten,
diese bringt uns in die Gefahr, uns zu verlieren.*

Weiter unten an der Straße, in der Nähe der Stadt, liegt ein weißes Haus. Ich kenne es gut. Wir haben, die Meinen und ich, dort oft haltgemacht. Die Kinder kletterten auf die Bäume am Rand des Gartens. Wir redeten ein wenig mit dem alten Paar, das dort wohnte, ein Mann mit runzligem, lächelndem Gesicht, voll innerer Fröhlichkeit, der meine Kinder auf die Arme nahm und sie auf die untersten Äste hob; ein schweigsamer Mann, bei dem nur der

Blick sprach. Seine rundliche Frau, die Hände über den Knien gekreuzt, war dagegen geschwätzig, doch ihre Augen traurig, die Stimme schwermütig, und ohne Ende sprach sie von ihrer Jugend, von der Vergangenheit, glücklichen Stunden, die sie erlebt hatte vor so langer Zeit – und die vielleicht nur in ihrer Erinnerung bestanden hatten. Ihr Gedächtnis höhlte sie aus wie eine Wunde. Zwei Menschen hatten Seite an Seite das gleiche Leben gelebt, einer war heiter, fröhlich und gelassen daraus hervorgegangen, der andere eingesunken in den Treibsand der Sehnsucht nach gewesenen Tagen.

Warum solche Verschiedenheit zwischen zwei Menschen?
Woher nehmen die einen ihre Kraft,
und woher kommt den anderen ihre Neigung
zur Trauer und Entsagung?

Als ich heranwuchs, als ich mich Krieg und Hölle stellen mußte, die von Menschen verursacht waren, habe ich gelernt, mit dem ersten Blick die zu erkennen, die kämpfen wollten, und die anderen, die ihre Hände sinken und sich in den Tod fallen ließen.

An diesem Morgen bin ich an dem weißen Haus vorbeigegangen. Der Mann stand im Garten, er winkte.

»Welch herrliches Wetter!« sagte er. »Es ist unglaublich, dieses Jahr! So schönes Wetter, und nicht zu heiß.«

Sein Gesicht lachte.

»Und Ihre Frau?«

»Sie schläft noch«, sagte er. »Sie kann abends so schlecht einschlafen, und nachts liegt sie stundenlang wach, dann nimmt sie gegen Morgen ein Schlafmittel. Sie bleibt liegen. Schade, sie versäumt die Morgensonne, die angenehmste Sonne.«

Millionen versäumten die Morgensonne, Millionen, die von ihren Gedanken wie von nagenden Insekten am Einschlafen gehindert wurden. Millionen, die ihrem Kopf Stille zu verschaffen suchten, indem sie jeden Abend eine Droge schluckten.

Hieß das nicht verzichten?

Als ich das absolute Unglück erfuhr, diesen unvorhersehbaren Orkan, in dem die Meinen verschwanden, wollte ein Arzt, ich solle mich in eine lange Schlafperiode flüchten.

»Später werden Sie zum Bewußtsein kommen, aber dann ist viel Zeit vergangen«, sagte er. »Die Kur wird sie retten.«

Ich habe mich geweigert. Damals lernte ich die Nächte des Wahnsinns kennen, als ich mit dem Kopf auf den Boden hämmerte, als ich an mich preßte, was von den entschwundenen Meinen noch übrig war, Dinge, mit denen meine Kinder gespielt hatten. Ich habe geschrieen. Aber ich war da, nachdem ich durch diese Nächte gegangen war; ich hatte gelitten, aber ich hatte das Leiden mit offenen Augen erlebt. Ich war nicht vor ihm geflohen.

»Nicht alle Leute haben Ihre Kraft«, hatte der Arzt mir gesagt. »Manche müssen vergessen.«

Meine Kraft? Manchmal fühlte ich mich so schwach, so zerbrechlich, so bereit, mich zu unterwerfen, wem und was auch immer. Aber sterben wollte ich nicht. Das war meine einzige Kraft. Dieser Entschluß, der sich nicht auf die Vergangenheit, sondern auf ein Morgen richtete.

Ich wollte nicht vergessen, aber ich wollte mich nicht in das Leichentuch der Erinnerung einhüllen.

»Wirklich, Sie sind stark, außergewöhnlich stark«, meinte der Arzt kopfschüttelnd.

Ich brauchte es ihm nicht auszureden, aber ich wußte, daß ich nicht stärker war als die anderen. Ich hatte alte, vom Hunger erschöpfte, von Furcht gelähmte Frauen gesehen, die sich plötzlich aufrichteten, weil sie ein geliebtes Wesen retten wollten. Ich habe gesehen, wie sie liefen, kämpften, siegten.

Jeder Mann, jede Frau kann diese Kraft in sich finden.
In uns ist eine mächtige Quelle,
eine Energie, stärker als die von tausend Sonnen.
Aber wer weiß davon?
Sie ist unter dem Unkraut verborgen, das sie erstickt.
Und wir sind taub, wenn sie grollt.
Sie erfüllt plötzlich manche unserer Taten mit Leben,
dann wieder verlieren wir sie,
lassen sie manchmal sogar fast versiegen.

Ich war gezwungen worden, sie zu finden. Sonst wäre mir mein Leben versiegt. Ich hatte mich ihren Strömen anvertraut, und sie hatte mich getragen, angetrieben, sie reißt mich immer noch mit sich. Aber die anderen?

Diese Frau im weißen Haus, die über verflossene Jahre trauert, ohne Ende über sie nachdenkt, was hat sie aus ihrer Quelle gemacht? Ist sie ausgetrocknet? Oder noch schlimmer: Fließt sie jetzt in der falschen Richtung, höhlt sie aus wie ein böses Wildwasser, statt zu bewässern und zu tragen? Auch das habe ich gesehen. Menschen, die

Zweites Kapitel

zum Henker der anderen wurden. Dieser Freund, der sein Leben retten wollte, indem er mich, mich und die Meinen, verriet. Die anderen, die für ein Stück Brot bereit waren, Diener des Todes zu werden, Lakaien der Männer in den schwarzen Uniformen.

Die Quelle in ihnen war nur noch ein trübes, schmutziges Wasser, es trieb sie, es machte sie blind. Und bald überschwemmte es sie.

An Paul denke ich. Der Krieg war vorbei, aber er ließ sich verkommen, in den Städten des Friedens.

Neid trieb ihn. Er versuchte, heimlich meine Pläne zu erfahren, ihnen zuvorzukommen, mich durch sein rasches Zugreifen zu besiegen, günstige Gelegenheiten zu entdecken und mich zu hindern, sie selbst zu nutzen. Ich ließ ihn. Warum sich im Wettbewerb aufreiben, wenn sich ein großes Feld der Möglichkeiten auftat?

Ich habe Paul vor kurzem wiedergesehen. Einen gealterten, verbitterten Paul, der sein eigener Henker geworden war. Seine Quelle hatte ihn allmählich ausgehöhlt, weil er sie gegen andere und damit schließlich gegen sich selbst richtete.

Denn es kann keine Grenze zwischen uns selbst und den anderen geben. Wer sich für den einzigen Mittelpunkt der Welt hält, wer nicht begreifen will, daß er ein Teil der Menschheit ist, der wird eines Tages den Schmerz und die äußerste Armut kennenlernen.

So oft bin ich ihnen begegnet, den in ihren Stolz eingemauerten Menschen, die ihre Hände um Hab und Gut gekrampft hatten und versuchten, sich nichts entgehen zu lassen von dem, was sie für ihren ewigen Reichtum hielten. Sie hatten in sich die Kraft einer Quelle erkannt, aber sie wollten sie als Waffe gegen die anderen nutzen oder, eher noch, als einen Besitz zu ihrem ausschließlichen Gebrauch.

Da gab es in den Zeiten des Hungers, in der Welt des Entsetzens, einen kräftigen Mann, der das hatte, was damals der höchste Besitz war: Brot. Er hatte die Seinen verlassen, weil er wußte, er könne nur allein seinen Hunger stillen. Er ging nicht aus. Er hatte Angst, er lebte in seiner Wohnung wie in einer Festung und horchte auf jedes Geräusch. Und eines Tages haben die Henker seine Wohnung durchsucht, und man fand ihn und warf ihn auf die Straße, mitten hinein in die Kolonne, die in die Hölle marschierte. Der Mann hielt sich in meiner Nähe. Ich war noch ein Junge, aber ich wußte, wohin wir gingen. Er kannte nichts als seine Selbstsucht. In sich selbst gekrümmt hatte er gelebt, verblendet, er hatte vergessen, daß sich um ihn her die Stadt entvölkerte. Plötzlich sah er sich arm, um das gebracht, was seine Macht gewesen war: diese Waren, dieses Brot, das er sich angeeignet hatte. Und seine Gier und seine Absonderung hatten ihn zugrunde gerichtet. Ihm war nichts geblieben als er selbst.

Der Mensch ist nichts, wenn sein Herz leer ist.

Die ersten Schläge zerbrechen ihn wie eine hohle Statue. Es war sicherlich dieser eine Augenblick unter der Folter, daß ich die Menschen so zu sehen lernte, wie sie waren.

Zweites Kapitel

Man darf sich nicht ablenken lassen von den Worten, dem Aussehen, den Ämtern oder Ehren, von allem, hinter dem sich der Mensch verbirgt.
Die Wahrheit eines Menschen ist in ihm selbst. Dort liegt sein Reichtum, dort seine wahre Kraft.

Ich bin auf die Hochebene gegangen, meinem Haus zu. Die Sonne stand jetzt hoch über dem Horizont. Der Bauer hatte seinen Stein am Wegrand verlassen. Ich sah ihn in seinem Garten, gebückt, die Mütze in den Nacken geschoben. Ich hörte ihn pfeifen. Es war Heiterkeit. Oft, abends, suchte ihn jemand aus dem Dorf auf, einfach, um ihn zum Essen zu holen, zum Kartenspielen oder zum Erzählen, denn er sprach gut, und überall, wo er sich aufhielt, verbreitete er einen Hauch von Heiterkeit.

Sein Pfeifen begleitete mich, als ich auf mein Haus zuging. Diese Freude, diese Quelle, die von dem Bauern herströmte, woher kam sie, wenn nicht aus der Harmonie, die im Herzen des Mannes herrschte? Er hatte den Drang zu malen, er wurde davon getragen, es machte ihn zufrieden. Er zog keine Schranken zwischen diesem lebenspendenden Wunsch und seiner Verwirklichung. Er hatte es verstanden, auf anderes zu verzichten, die notwendigen Opfer zu bringen.

Manchmal im Winter stieg kein Rauch aus seinem Schornstein. Ich ging zu ihm.

»Sie heizen nicht?«

Er stand in einer Ecke des Zimmers, einen Schal um den Kopf gewickelt, und präparierte Leinwand und Kartons.

»Keine Zeit, ich hab nichts zum Malen – keine Zeit.«

In Wirklichkeit fehlte ihm das Geld, Holz zu kaufen, doch die Glut seiner Leidenschaft genügte seinen Fingern. Die Quelle ist es, die gut genutzte Quelle, die ihm Heiterkeit gibt. Und als der Bauer in sich die Freude aufsteigen fühlte, das zu sein, was er sein wollte, kam er mit den anderen gut aus. Im Winter brachten ihm die Dorfbewohner oft Holz. »Nimm es, alter Narr«, sagten sie, »heiz ein, oder du erfrierst.« Er lachte. Mit einigen Bleistiftstrichen hielt er das Gesicht des Besuchers fest und reichte ihm den Karton hin:

»Danke, danke. Behalt das zur Erinnerung«, sagte er.

Um in Harmonie mit den anderen zu leben, muß man Harmonie in sich haben; es ist notwendig, daß in uns selbst diese Quelle strömt, die am Ursprung unseres Seins, unserer Persönlichkeit entspringt.

Als ich nach dem Kriege beschlossen hatte, reich zu werden, und immer größere Summen zusammenbrachte, kam ein Augenblick, an dem ich nicht mehr wußte, warum ich arbeitete. Ich hatte Erfolg, aber ich, der eine Frau finden wollte, um mit ihr das Leben zu gestalten, ich blieb allein. Und mich hatte die Hoffnung verlassen, sie zu finden.

In mir begann die Quelle, die mich bisher getragen hatte, sich gegen mich und gegen die anderen zu wenden.

Es war die Zeit, in der ich fühlte, daß ich ungesellig wurde. Oder mich ergriff die Versuchung, die anderen zu vernichten und mich selbst auch. Dann begegnete ich dem Menschen, der meine Frau wurde, Dina. Ein Blitzstrahl. Und Frieden in mir. Die Quelle strömte wieder den anderen entgegen. Ich fühlte mich von Freude erfüllt und wurde wieder großmütig.

Erkennen, was man nötig hat, in sich das tiefe Ich entstehen zu lassen, das man zu oft erstickt, sich selbst entgegenzugehen, dieser Quelle entgegen, die im Herzen des Menschen entspringt, das ist der Schritt den anderen entgegen. Denn zu oft ist man für sich selbst ein Fremder. Und diesen Fremden in sich selbst, das wahre Ich, muß man zuerst willkommen heißen.

So hielt ich mich vor langer Zeit für einen Kaufmann, und nach meinen Personalakten war ich es auch; ich kaufte, ich verkaufte.

Dann, als ich mich auf dieser Hochebene einrichtete, als meine Kinder geboren wurden, als ich mit ihnen die Furchen zog und die ersten Obstbäume pflanzte, habe ich verstanden, daß ich erst jetzt, in diesem Augenblick, meine Wahrheit gefunden hatte. Vater sein, Leben zeugen, meine Söhne, meine Töchter heranwachsen sehen und diese Bäume, die Nahrung geben.

Ich war für mich kein Fremder mehr. Der Bauer, mein Nachbar, der so unermüdlich malt, ist sich selbst auch kein Fremder. Und das gibt ihm Frieden.

Denn seine Quelle finden, die Richtung der Strömung zu erkennen, die uns trägt, das werden, was man sein soll, sich erkennen und anerkennen, das Ich ans Licht bringen, das im Tiefsten jedes Menschen ruht, das alles heißt das Gesicht des Menschen anzunehmen. Dann erlischt der unter-

gründige, grausame Haß. Der Mensch ist sich selbst offen. Befreit von Reue und von Rachegedanken, haßt er nicht mehr sich selbst. Er ist imstande, die Welt und die anderen als das zu erkennen und anzuerkennen, was sie sind. Der Mensch ist ein Mensch geworden.

Doch der Weg ist lang.

In den Jahren, in denen ich in der Glut des Krieges gefangen war, in denen auch ich Uniform trug, in denen ich wie Millionen anderer zum Töten verpflichtet war, wußte ich, daß Haß wie Alkohol wirkt. Er wärmt, er treibt voran, er verblendet, er hilft zu töten und zu sterben. Vielleicht bin ich auch diesem Rausch erlegen, einige Tage, einige Monate.

Der Schmerz in mir war zu groß, das Bedürfnis nach Rache zu stark. Ich bin ihnen erlegen. Aber voller Unbehagen. In meinem Innern empfand ich etwas wie Abscheu vor mir selbst. Dann versuchte ich, wieder von diesem mächtigen Haß zu trinken, der uns trägt, aber auch der Abscheu kam wieder, und am Abend im Wald konnte ich nicht einschlafen.

Was wäre unser Sieg denn wert, wenn wir unseren Feinden ähnlich werden? Eines Abends, nach einem Kampf in den Trümmern eines Dorfes, haben wir einen Gefangenen in den Wald zurückgebracht. Ich sehe noch sein von schwarzem Staub bedecktes Gesicht, die von Schweiß und Angst verklebten Haare, die zitternden Lippen. Wir sollten ihn zum Sprechen bringen. Man band ihn an einen Baum. Wir sahen ihn grinsend an, mit einem Lachen, das mir in der Kehle, auf der Haut brannte.

Zweites Kapitel

»Was wollen Sie? Ich sage alles«, wiederholte er.

Der Mann sah verloren von einem Gesicht zum anderen, er suchte unseren Blick. Ich hab mich hinter die Bäume zurückgezogen. Mit einem Schlag war mein Haß dahin, als wenn man zuviel Alkohol getrunken hat und dann den Kopf in einen Eimer Eiswasser tauchte.

Ich bin zu der Gruppe zurückgegangen. Der Mann redete. Er nannte die Stellungen, die Vorhaben der Soldaten, seiner Kameraden, die uns umzingelten. Angst und Demütigung waren seine Niederlage. Seine Lehre. »Man braucht ihn nicht umzubringen«, habe ich gesagt.

Viele zuckten mit den Achseln. Wir haben uns bald in den Angriff gestürzt, weil wir auf jeden Fall durchbrechen mußten. Und der Mann ist getötet worden. Doch ich hatte den Haß verloren.

In meiner Erinnerung tauchen die Gesichter so vieler Männer und Frauen auf, die ich nur einen Augenblick lang sah in den Lagern der Hölle. Dort, wo ein Leben weniger wert war als ein Brotkrumen. Ich begriff jetzt auch andere Menschen, die mich in unserer Stadt empört hatten: alle diese Menschen mit dem mageren Gesicht, dem leicht gesenkten Kopf, die nicht um ihr Leben kämpfen wollten, die sich dem Haß verweigerten. Sie gingen heiter, ruhig in den Tod.

Ich hatte einen anderen Weg eingeschlagen: den Kampf. Und wir, die Kämpfenden, hatten recht. Ich weiß es. Aber ich habe gelernt, diese friedfertigen gerechten Männer nicht mehr zu verurteilen. Heute begreife ich sie besser, als es mir damals möglich war.

Sie waren unser Anteil an geretteter Güte. Sie bewiesen, daß der Mensch, wie auch die Verhältnisse sein mögen, sich weigern kann, zu töten und zu hassen. Sie blieben sie selbst, ihrer Verpflichtung treu. Ihrem Ich treu.

Damals konnten, durften wir ihrem Beispiel nicht folgen. Die Zeit dazu war noch nicht gekommen.

Doch weil es sie gab, unveränderlich wie Diamanten, retteten sie uns. Ich sehe wieder diese Menschen, die von den Leuten in der schwarzen Uniform an die Mauerreste unserer zerstörten Stadt gestellt wurden und sagten: »Ich sterbe, ohne Sie zu hassen.«

Und im Blick dieser Menschen, die unter Schlägen in den Tod gingen, lag Mitleid für die Henker.

Damals lehnte ich mich gegen sie auf. Ich biß in meine Hand. Ich schrie innerlich: »Widersteht doch, kämpft!« Ich hatte recht, und ich hatte unrecht. Denn ihre Art, den Tod hinzunehmen, die Barbarei herauszufordern, indem sie sich ihren Gesetzen unterwarfen, war auch ein Aufstand. Sie kämpften mit ihrem Blick und ihrem Mitleid. Und ohne ihr Da-Sein neben uns, was wären wir anderes geworden als unseren Feinden gleich?

Unser Kampf war gerecht, weil neben uns diese Menschen ohne Haß starben.

Sie waren, ohne daß wir es wußten – und mir geschah es, daß ich sie verfluchte –, der Beweis, daß wir auf dem richtigen Weg waren. Und eines Tages würde ihr Beispiel in einigen von uns seine Früchte tragen.

Denn wer sich den Menschen nur mit der Kraft seines Selbst darbietet, wer wahr ist, wer ohne Hinterhalt redet, wer sich dem Haß verweigert, wer mit sich im Einklang ist,

Zweites Kapitel

der wird, wie auch immer sein persönliches Schicksal sein mag, von irgendeinem gehört werden.
Und seine Quelle versiegt nicht. Sie entspringt anderswo aufs neue.

Oft habe ich gesehen, wie hinter meinem Freund, dem Bauern, zwei oder drei Spaziergänger oder heimkehrende Landarbeiter stehenblieben. »Also, du machst weiter«, sagte einer, »aber hoffentlich verkaufst du sie, deine Bilder.«

Verkaufen.

Verkaufen, das ist ein großes Wort. Ich habe Jahre hindurch verkauft. Ich habe Geld und Gut angehäuft. Und ich war innerlich arm. Ganz gewiß ist es schwer, arm zu sein. Aber das wahre Elend kennt der verzweifelte Mensch. Die Armut kann Verzweiflung entstehen lassen. Aber der Erfolg kann sie nicht vertreiben.

»Meine Bilder verkaufen? Ich sollte dafür bezahlen, daß ich das Recht zum Malen habe.«

Mein Nachbar, der Bauer, hatte sich umgedreht, sein Pinsel zielte auf die Brust des Landarbeiters.

»Der Reiche, das bin doch ich. Malerei, das ist mein Luxus. Du mußt wissen, ich male, was ich will, wann ich will, und ich weiß – ich weiß –, was mir Freude macht, verstehst du? Ich tu das, wofür ich gemacht bin.« Er begann pfeifend wieder zu malen. Die anderen schwiegen, plötzlich ernst, zögernd. Sie sahen auf diesen Mann in der Jacke aus blauem Stoff, den die Sonne fast gebleicht hatte. Sie entdeckten, als sie ihn so ansahen, daß er Frieden gefunden hatte, den Weg, er selbst zu sein. Daß er die innere Stimme verstanden, seine Quelle gehört und die Hindernisse weggeräumt hatte, damit sie frei strömen konnte.

Sie sahen ihn an, und sie sahen auch sich an. Sie fragten sich.

Jeder weiß gut, daß er in sich eine Stimme hat, die spricht, eine einfache und klare Stimme, die er zu oft erstickt. Denn sie ist fordernd und deutlich wie eine gerade Linie.
Diese Stimme, die Quelle, gegen die wir uns sperren, nennt uns das Richtige, macht es uns möglich, unser Gleichgewicht zu finden, unser Ich zu befreien.
Doch wir haben Angst, wir selbst zu sein.

Wir fürchten uns, diese Quelle zu befreien, sie strömen zu lassen. Um uns taub gegen die Stimme zu machen, verbündet sich alles, die Vorsicht und die scheinbare Vernunft.

In unserer eingeschlossenen Stadt, zwischen Mauern, die von zum Töten bereiten Männern bewacht wurden, wo der Tod lauerte auf den Auswegen aus dieser Stadt, in der uns die Henker ein versklavtes Leben versprachen, aber doch noch ein Leben, wenn wir uns unter ihren Schlägen an die Erde preßten – da waren nur wenige bereit, in sich selbst hineinzublicken, diese verrückte Stimme zu hören, die immer wiederholte: »Du mußt frei bleiben, der Mensch muß frei sein, du darfst dich nicht den Gesetzen dieser Tiere mit Menschengesichtern beugen.«

Es war klug, wie die anderen einzuschlafen, die Henker

gelten zu lassen, ihnen zu glauben, eingepfercht zwischen den Mauern wie gefangene Tiere zu warten.

Einige von uns lehnten die Unterwerfung ab, die Scheingründe der Vernunft. Die Jungen vor allem, in denen die Quelle noch Kraft hatte, die Jungen, die gewohnt waren, auf die Stimme ihres Selbst zu hören, die wichtigsten Forderungen zu beachten.

Ein Mensch unterwirft sich nicht dem Unannehmbaren.
Ein Mensch achtet die kostbare Gabe,
daß er ein Mensch ist.
Er will sich nicht demütigen lassen.
Welchen Preis er auch immer dafür zahlen muß.

Diejenigen, die sich so entschließen, dem engen, gefährlichen Weg zu folgen, den ihr Inneres ihnen vorschreibt, sie sterben oft.

Jacob war so alt wie ich. Wir trafen uns oft im Hof eines Grundstücks. Die Gewalt des Krieges sperrte uns ein. In seiner Umgebung, in der Familie weigerten sich alle, das zu erkennen, was kommen mußte. Alle nahmen das Schicksal an, wie es die Henker vorschrieben. Alle ließen ihre innere Stimme schweigen, die ihnen sagte, daß die Weigerung, sich zu unterwerfen, in solchen Zeiten die wahre Klugheit ist. Daß am Ende der Feigheit der Tod steht.

Eines Tages, als die schlimmste Kälte vorbei war, kam Jacob zu mir. Er wußte, daß ich regelmäßig durch die Sperren des Feindes kam.

»Hilf mir, rauszukommen«, sagte er.

»Du kennst die Gefahren?«

»Ich kann hier nicht bleiben, ich kann es nicht mehr sehen, ich kann es nicht mehr hinnehmen. Ich kann nicht mehr.«

Er wiederholte diese Worte der Auflehnung, starke Worte, die aus seinem tiefsten Wesen kamen.

»Also komm morgen.«

Das Glück war gegen uns. Andere Wärter waren eingesetzt worden, die ich nicht kannte. Ich konnte fliehen, Jacob wurde ergriffen. Ich bin sicher, daß er noch am selben Tag gestorben ist.

Lange Zeit habe ich ihn in Erinnerung behalten, den Gefährten mit dem mageren Gesicht, dem blonden Haar, lange habe ich bereut, daß ich bereit war, ihn in die Freiheit zu führen, die für ihn das Gesicht des Todes angenommen hatte. Einige Wochen später haben die Henker begonnen, die Stadt von ihren Einwohnern zu räumen, die sie in die Hölle brachten.

All die Vorsichtigen, alle, die sich dem Gesetz unterworfen hatten, alle, die in sich die Quelle ihres Seins erstickt hatten, alle kamen um.

Die wahre Klugheit ist es, in sich auf die Stimme der Weigerung zu hören, den Menschen in sich zu achten.

Wenn jeder von uns Tausenden, Hunderttausenden, die wir eingeschlossen waren in den Mauern von Hunger, Angst und Demütigung, diesem Willen in uns selbst gehorcht hätten, dann wären die Männer in der schwarzen Uniform, die Henker, entwaffnet und besiegt worden.

Heute haben wir Frieden.

Doch es fällt uns noch immer so schwer, wir selbst zu

sein. Denn wenn auch die Zeit der Waffen vorüber ist, *brauchen wir immer Mut, um wir selbst zu sein, um unser Leben in Harmonie mit den Forderungen dieser Stimme in uns zu führen, dieser Stimme, die wir selbst sind.*

Wir haben so oft Gelegenheit, auf anständige Weise darauf zu verzichten, so viele Male sind wir versucht, andere nachzuahmen, falschen Frieden zu schließen, das eigene Ich zu ersticken!

Als ich in das neue Land kam, die Vereinigten Staaten, als ich weder seine Sprache noch seine Bräuche und Gesetze kannte, aber schnell einen Weg finden mußte, meinen Lebensunterhalt zu verdienen, sind mir sichere Berufe angeboten worden. Ich brauchte sie nur anzunehmen, um einen gesicherten Lebensweg vor mir zu haben. Ich lehnte ab. Und ich bereue es nicht, obwohl mir noch viel Unglück beschieden war. Ich blieb mir selbst treu. Treu der unwiderstehlichen Quelle, die ich in mir fließen spürte und die ich nicht zurückhalten konnte, nicht wollte, nicht mußte. Ich bin den Ratschlägen der Klugheit entkommen.

»Was du da gefunden hast«, sagte man mir, »ist ein Wunder. Was willst du mehr?«

Mein Onkel war ein friedlicher, sanfter Mann. Er schüttelte den Kopf, er begriff nicht meine hartnäckige Entschlossenheit, etwas anderes zu suchen. Er hielt mich für unstet, erklärte sich meine Ablehnung mit meiner Jugend, meinem Mangel an Erfahrung.

»Es ist hier schwierig, du kannst es dir nicht vorstellen, halt fest, was du hast.«

Ich lachte. Er glaubte, mich treibe der Hunger nach Gewinn und unvernünftiger Ehrgeiz. Und es ist wahr, ich wollte dem Elend entkommen. Aber das war nicht der Schlüssel zu meiner Einstellung. Mein Ehrgeiz war noch größer, als er annahm. Und ich fühlte, daß ich wieder kämpfen mußte, mich noch nicht festsetzen durfte, das Ungewisse wählen mußte. Und ich war voller Zuversicht: Die Leiden, die Feinde, der Krieg und der Hunger, das Unglück waren meine Lehrmeister gewesen. Ich hatte mich kennengelernt, ich hatte mich selbst entdeckt.

Die Henker, die Gewalt waren in mein Leben eingebrochen, als ich noch kaum ein Heranwachsender war. Sie hatten mich so oft vor eine Mauer gestellt, mit ihren Gewehren auf mich gezielt und geschrien: »Wer bist du?«

So hatten sie mich gezwungen, mich selbst zu bejahen. Als Juden, als Menschen.

Meine Feinde, meine Henker, ich kann euch für eure Lehren danken.

Wenn ich sah, wie einer von ihnen, den Mund zusammengepreßt in der Lust am Töten, sich auf einen von uns stürzte, wenn ich sah, wie sie den Müttern die Kinder entrissen, wie sie sich untereinander um das gestohlene Gold schlugen, *dann wußte ich, daß im Menschen ein Tier haust und daß unser Leben darin besteht, es nicht in uns selbst herrschen zu lassen.*

Und ich habe in der Gefahr gelebt, dieses Tier Macht über mich gewinnen, sich hinter meinem Aussehen verbergen, meine Züge annehmen zu lassen.

Und oft habe ich gemerkt, wie es sich in mir rührte, aus

seinem Winkel hervorkam und meine Handlungen beherrschte. Wenn ich in eine besiegte feindliche Stadt eindrang, lachte ich, wenn ich die Einwohner zwang, sich zu demütigen. Wenn ich, viel später, einen Konkurrenten aus dem Feld geschlagen hatte, kam die Versuchung, ihn zu zwingen, sich auszuliefern, damit mein Triumph vollständig wurde. Dieses Tier, das sich in meinem dunklen Innern bewegte, die Henker haben mich gelehrt, ihm zu mißtrauen. Es zu zähmen. Denn ich habe gesehen, was aus dem Menschen wird, wenn er sich von ihm leiten läßt. Zu Anfang verlangt es wenig. Dann brüllt es gereizt auf wie ein Tiger, den der Anblick der Beute rasend macht. Der Mensch erkennt nicht mehr, was er tut, er ist nur noch Werkzeug, eine Summe von Begierden, von Leidenschaften. Ein Tier mit Menschengesicht.

Und in Kriegszeiten wird er Henker oder Feigling sein. Töten oder fliehen. Im Frieden wird er wie der Mensch im Kriege werden. Unbarmherzig.

Ich kannte in der Third Avenue einen dieser Kaufleute, die ihre Lieferanten an der Gurgel packen. Die sich durch nichts rühren lassen.

»Sie finden mich hart im Geschäftemachen, nicht wahr?« sagte er immer wieder. Er lachte. Er rieb sich die Hände.

»So ist das Gesetz. Geschäftsleben ist wie der Dschungel. Man frißt oder wird gefressen. Ich ziehe es vor, der Löwe zu sein.«

Er war nicht der Löwe. Höchstens eine Hyäne, die von fern das Wild wittert, hungrig ist, aber feige, bereit zum Weglaufen. Ein graues Tier, das nur groß erscheint vor dem Schwächsten, vor seinen Opfern. In ihm hatte der dunkle Teil gesiegt. In ihm war das Tier zum Herrn geworden.

Und diese Gefahr besteht für jeden Menschen. Denn jeder Mensch hat tierische Gewaltsamkeit in sich. Niederlage bedroht uns ständig.
Wir behalten unser Gesicht, unser Aussehen, aber in uns kann der Mensch zum Sklaven werden, und die Dunkelheit kann über uns zusammenschlagen.
Aus den Tiefen unseres Waldes ist ein schwarzes Ungeheuer hervorgekommen. Es erobert die Quelle in uns und labt sich daran.

Doch nur wenige kennen diese Bedrohung. Ich aber bin aufgewachsen unter der Herrschaft des siegreichen Bösen.

Ich bin Zeuge seines Triumphes gewesen.

Dieser Nachbar, unser Nachbar, ein würdiger und ruhiger Mann, der uns immer mit feierlichem Hutziehen grüßte, eines Tages, als mein Vater verschleppt worden war, kam er zu uns, stieß meine Mutter herum und nahm grinsend ein paar Kostbarkeiten mit sich.

»Das ist jetzt für mich«, sagte er. »Für mich. Ihre Zeit ist vorbei.«

In den Schlangen, die sich zum Wasserholen vor den Brunnen oder am Flußufer bildeten, habe ich Männer und Frauen gesehen, die plötzlich rasend wurden, andere Männer, andere Frauen mit Fußtritten vertrieben, sie mit Steinen warfen, schrien: »Tod den Juden!« Und dann habe ich uns gesehen, herabgewürdigt zu einer Herde.

Zweites Kapitel

Und dann habe ich das Weiße im Auge der Henker gesehen.

Ich wußte vom Tier im Menschen. Ich erkannte in mir die Forderungen dieser maskierten und mächtigen, lauernden Macht. Das Unbewußte, mag sein. Diese Dämonen, von der Zivilisation in uns angekettet gehalten, die manchmal ihre Ketten zerbrechen und manchmal lernen, sich zu schminken und unter uns mit einem Menschengesicht zu leben. Das Unbewußte. Die Geschichte, die ganze Geschichte der Gewalt, der Gewalt des Tieres und der des Mensch-Tieres in seinem Ursprung.

Denn wenige Tage hatten mir genügt, um festzustellen, *wie gebrechlich die Verkleidung ist, hinter der die meisten Menschen ihre Dämonen verbergen*. Ein paar Tage Hunger, ein paar Stunden der Angst, und schon schlagen Menschen aufeinander ein und töten einander – an einer Straßenecke, um einen Kehrichthaufen, in dem sie etwas Eßbares zu finden hoffen. Es gibt Menschen, die andere um einen Brotlaib verraten, und Menschen, die einander um eine Kelle Suppe den Hals abschneiden. Auf der Straße sehe ich zum Skelett abgemagerte Kinder erfrieren, und fette Menschen gehen gleichgültig vorüber. An der Mauer entlang, die uns einschließt, vergnügen sich die Henker, auf Kinder zu zielen, die ein paar Kartoffeln auflesen wollen. Und jedesmal, wenn eines getroffen wird, klatschen die Vorübergehenden lachend Beifall. Beifall für einen Mord. Ich habe es gesehen.

Das Barbarische, das wilde Unbewußte können uns überwältigen. Weil in jedem von uns noch die lange, tausend

Jahrtausende lange Geschichte der Menschen – barbarisch, wild, tierisch – lebendig ist. Weil jedes Mal, wenn ein Mensch zur Welt kommt, in ihm die ganze Vergangenheit der Menschheit wiedergeboren wird. Und weil er es nicht weiß und deshalb dieser Last erliegen kann.

Und doch, wenn ich meine Kinder mir entgegenlaufen sah, wenn sie mich lachend zum Kirschbaum zogen, verlangten, ich solle sie hochheben, damit sie die früchteschweren Zweige erreichen konnten, dann vergaß ich den Anteil an Gewalttätigkeit, den sie wie jeder von uns in sich hatten, diese gefährliche Möglichkeit in ihnen selbst, die zu erkennen, zu bemeistern sie lernen mußten.

Ich ging mit ihnen nach Hause, sie versteckten sich hinter den Zypressen am Straßenrand, liefen zwischen den Reihen der Pfirsichbäume. Ich verlor sie aus den Augen. Ich hörte sie rufen. Ihre Mutter erschien auf der Schwelle, rief sie mit einer Handbewegung zu sich. Sie rannten zu ihr. Ich sah sie über den Rasen stapfen, halbnackt gegen die untergehende Sonne.

Und eines Abends, plötzlich, vielleicht weil ich sie so laufen sah, fanden sich in meinem Gedächtnis andere Schattenfiguren ein, die mageren Kinder, die ganz still durch eine Straße flohen. Ich hatte mich ausgestreckt, mein Kopf ragte kaum über den Rand des Fensters im ersten Stock. Ich sah den Soldaten, der sein Gewehr anlegte. Sein Kopf war bloß, die Haare blond in der Sonne, und er lachte, und er war so jung wie ich damals, fast noch ein Kind in der schwarzen Uniform, die ihm zu groß war. Eines der Kinder, eine dieser Zielscheiben mit dem Davidstern, ist gestürzt. Der Soldat ist brüllend vor Freude zu seinen Kameraden zurückgekehrt. »Ich hab eins gekriegt«, hat er gerufen, »ich hab eins gekriegt!« Er lachte, wie die Jugendlichen lachen, wenn sie sich vor einer Schießbude auf dem Markt drängen.

Was hatte man mit diesem Kind gemacht, daß es zum Henker wurde? Später bin ich als Sieger in sein Land eingezogen. Ich habe andere Kinder gesehen, mager wie die, auf die er gezielt hatte, Kinder, an Pferdekadavern hokkend, Kinder, die aus Pfützen ungeschickt Wasser in Konservendosen zu schöpfen versuchten. Sie hatten keine Waffen. Unschuld. Wie meine Söhne. Und doch konnte man aus ihnen junge Mörder machen wie jene Soldaten.

Die Kindheit ist ein aufspringendes Wasser. Es tränkt den künftigen Mann, es kann ihn ertränken.
Mit diesem Wasser seines Ursprungs wird der Mensch sein Leben durchwandern. Seinen Durst daran stillen. Oder sich vergiften.
Die Kindheit muß behütet werden.

Ich hütete die meiner Kinder. Das Schicksal oder der Zufall, den ich wohl Schicksal nennen muß, oder die Mächte – vielleicht diese Eine Macht –, die über das Schicksal der Menschen entscheiden, nahmen sie mir, wollten mich nicht sehen lassen, was aus ihnen werden sollte. Und ich bin allein.

Aber ich hatte alles getan, um sie vor sich selbst zu schützen. Wir waren immer da, Dina und ich, immer um sie her, als sie zur Welt erwachten, Nicole, Suzanne,

Charles, Richard. Weil ich wußte, daß sich fast alles sehr schnell entscheidet.

Ich wollte, daß meine Kinder, wenn sie zum ersten Mal auf dieser Welt die Augen öffneten, ihre Mutter und ihren Vater an ihrer Seite sehen sollten, zwei mächtige Bäume, die sie gegen die Stürme schützen würden.

Um über meine Zeit verfügen zu können, um sie ihnen zu widmen, hatte ich mich entschlossen, meine Geschäfte aufzugeben. Was bedeutete Geld!

Nichts ist für den Menschen wichtiger, als ein anderes Leben zu leiten.

Ich wollte bei dieser Aufgabe nicht versagen.

Und deshalb habe ich mit Dina die Stadt verlassen, eine Welt, in der wir doch unsere Freunde und unsere Freuden hatten. Wir wollten uns nicht zurückziehen, uns nicht isolieren. Wir wollten uns einfach unseren Kindern widmen.

Wir beide hatten zu viele junge Menschen wie wildes Kraut aufwachsen sehen, in den Gefahren der Großstadtstraßen.

Ich erinnere mich immer an Betty. Ihre Eltern waren beide bescheidene Angestellte. Ich traf sie oft am Eingang des Gebäudes, in dem meine Großmutter wohnte. Sie waren eilig und zerstreut. Die Mutter zu stark geschminkt, unter Puder und Rouge ihre Müdigkeit verbergend, die Angst vor dem Alter durch zu grelle Kleidung. Er ging mit gesenktem Kopf, und hinter ihnen Betty, die rannte, dabei die Knöpfe ihres blauen Mantels schloß, die Augen noch ganz verhangen, in Schlaf eingehüllt. Die Mutter drehte sich um: »Mach schnell! Mach schnell!«

Zweites Kapitel

Das hörte ich jedesmal.

Betty lief hinter ihnen her. Wohin? In die Schule oder in einen Kindergarten? Ich habe Betty heranwachsen sehen. Ohne Kindheit. Sie hatte schon die graue Haut der Passanten, die in der Stadt mit ihren Enttäuschungen zu rasch altern.

Dann starb meine Großmutter, und ich bin nicht mehr zu dem Gebäude gegangen. Jahre danach habe ich auf einer meiner Reisen nach New York zufällig den Vater fast umgerannt, ich hatte es so eilig, ich lief, um schnell zu den Meinen zurückzukehren, um meine letzten Geschäfte abzuwickeln, die Stadt zu verlassen. Ich habe mich entschuldigt und seinen Hut aufgehoben.

»Ich kenne Sie«, sagte er.

Ich suchte in meiner Erinnerung, nervös, weil die Zeit verging.

»Ich habe Sie gekannt, erinnern Sie sich...«

»Betty«, sagte ich nur. Er faßte nach meiner Hand.

»Betty, ja, das ist es eben. Ich muß es Ihnen sagen...«

Er kam dicht an mich heran, und die Jahre zogen vorüber im banalen Roman eines Schiffbruchs, Betty, die in der Stadt verschwand, eines Abends, und die man dann nie wieder gesehen hatte.

»Es liegt an der Zeit«, sagte er. »Was konnten wir dagegen tun? Wir haben alles für sie getan, alles, müssen Sie wissen, sie hatte alles, was sie wollte, ihre Mutter und ich arbeiteten für sie.«

Ich versuchte ihn zu trösten. Dann nahm ich mir nicht einmal die Zeit, die letzten geschäftlichen Verabredungen einzuhalten. Ich mußte sofort nach Hause, meine

Söhne und meine Töchter wiedersehen, auch wenn ich nicht beide Arme voller Geschenke mitbrachte.

Nicht Dinge braucht das Kind vor allem. Es hat Hunger nach anderem. Das Bedürfnis, jeden Augenblick im bergenden Schatten zu sein, wo es Wohlwollen, Aufmerksamkeit von denen findet, die es getragen und gewollt haben.
Einem Kind etwas schenken heißt sich selbst schenken. In jedem Augenblick. Dann kann es aufrecht wachsen mit starken, tiefen Wurzeln.

So waren meine Kinder.

Wenn ich so viele Gefahren bestand, zuerst Entmutigung und Angst, wenn ich mich nachts in den Baracken mitten in der vom Krieg geschaffenen Hölle weigerte, mein Leben zu beenden, wenn ich unter der Bedrohung durch die Tiere mit Menschengesichtern doch wußte, daß es die Güte gibt, daß der Mensch in ihr sein höchstes Gut findet – dann verdanke ich es meiner Mutter und meinem Vater.

Die Eltern sind der Keim des Kindes und zugleich die Erde, aus der es aufwächst.
Für das Kind sind sie die Welt, das Bild dessen, was vor sich geht, was sein muß oder nicht sein darf. Was sie tun, was sie sagen, was sie sind, bleibt in dem Kind, auch dann, wenn es nichts davon weiß. Denn das Kind ist im Erwachsenen immer noch gegenwärtig.

Meine Mutter war die Sanftheit, die Stille, die Reichtum ist. Sie brauchte nichts zu sagen: Sie handelte, und

Zweites Kapitel

jede ihrer Handlungen war von Liebe erfüllt. Sie streckte ihre Hand nach meinem Gesicht aus; schon bevor sie meine Wange berührte, fühlte ich ihre Wärme, war ich von ihr eingehüllt. Nichts trennte uns. Ich war sie. Sie war ich. Damals, als ich in die ersten Städte des Feindes kam, bereit, meine Rache wie eine Fahne zu schwenken, bereit, den besiegten Henker zu erschlagen, hat mich das Bild meiner Mutter zurückgehalten. Ich erinnere mich an diese Stadt, die verlassen schien und durch die wir als Eroberer marschierten. Aus den Fenstern hingen weiße Tücher als Zeichen der Übergabe. Wir waren Soldaten, wir hatten verbrannte Dörfer durchquert, unsere Dörfer; vor Augen hatte ich noch die zu Tausenden aufgeschichteten Leichen der Märtyrer, hörte die Schreie der Frauen und Kinder. Ich sah die grauen Haare meiner Mutter verschwinden in der Menge der Opfer, die man in den Tod schickte, weil sie zum Volke Davids gehörten, meinem Volk.

Damals trat ich mit den Füßen gegen die Türen in den niedrigen Häusern der eroberten Stadt, ich brüllte, die Einwohner sollten aus ihren Löchern kommen, in die sie sich verkrochen hatten.

Einer nach dem anderen verließen sie die Keller, die Arme über dem Kopf, demütig und zitternd. Die Alten und die kleinen Kinder. Je mehr ich herauskommen sah mit gesenkten Blicken – die Kinder wagten manchmal einen verstohlenen Blick auf uns –, desto mehr schwand mein Zorn, mein siegreiches, hochmütiges, selbstsicheres Lachen blieb mir in der Kehle stecken.

Wer waren sie, diese Bewohner, die wir zwangen, sich

zu demütigen? Arme Menschen, wie wir es gewesen, wie Hunderttausende von uns es gewesen waren, Besiegte, denen die Niederlage fast Unschuld verlieh, alte Leute, die vielleicht zugestimmt hatten, aber die sich vor allem unterworfen, die sich angepaßt hatten.

Ein Kind wandte sich zum Kellereingang zurück, mit tränenüberströmtem Gesicht. Es wischte sich die Nase mit dem Handrücken. Es wartete, sein Blick rief jemanden. Eine alte Dame kam heraus, vom Alter tief gebeugt, sicherlich seine Großmutter. Sie streckte die Hand nach ihm aus, zog es an sich, streichelte ihm sanft die Wange, und das Kind drückte sich fest an die schwarze, gefältelte Bluse.

Diese Hand auf dieser Kinderwange, das war meine Mutter mit mir. Ich habe einen Befehl gerufen, geschrien. Meine Kameraden sahen mich an, zuckten mit den Achseln, spuckten in Richtung der Leute, entfernten sich.

Ich bin als letzter gegangen, habe mich umgedreht, um noch dieses Kind, diese alte Frau zu sehen.

Meine tote Mutter hatte mich vor dem Gewalttätigen in mir geschützt. Ihre Sanftheit und ihre Güte hatten mich gezwungen, das Böse und die Rache nicht siegen zu lassen.

Was man einem Kind tut, gibt es eines Tages zurück.
Und was man ihm verweigert, verweigert es.
Und das Böse, das man ihm antut, kann es auch tun.
Doch wenn Kraft, Mut und Aufrichtigkeit der Wind sind, der in seine Segel bläst,
segelt es und kann dem Sturm standhalten.

Zweites Kapitel

Mein Vater hat mir die Kraft gegeben.

Einmal, weil ich ihn bewunderte. Er war dem Gefangenenlager entkommen, er lebte verborgen in der besetzten Stadt, und ich traf ihn, weit entfernt von unserer Wohnung, auf einem Platz, in einem Garten. Wir gingen Seite an Seite, ich hob ihm mein Gesicht entgegen, er lächelte mir zu, sprach mit leiser, ernster Stimme.

»Man darf niemals aufgeben, Martin. Deshalb bin ich geflohen. Ergreif immer die erste Gelegenheit, die sich bietet, denn eine zweite gibt es vielleicht nicht.«

Es waren nicht allein die Worte: Ich wußte, was er getan hatte. Ich sah ihn leben.

Die wahren Lehren, auf die das Kind hört, die seine Persönlichkeit formen, sind die Taten, die der Erwachsene vollbringt. Ein Kind zu erziehen heißt sich ihm als Vorbild anzubieten.

»Man muß sich aufrecht halten«, wiederholte mein Vater, »und das wird nicht leicht sein.«

Wir trennten uns, ohne einander zu umarmen, zwei Männer, zwei Gleichgestellte. Er legte mir einfach die Hand auf die Schulter. »Sei vorsichtig. Du weißt, daß du nicht aufgeben darfst. Aber sei vorsichtig.«

Ich habe nicht aufgegeben.

Und als ich mich Jahre, so viele Jahre später, am Ende jenes Lebens, das durch Feuer und Brand verwüstet wurde, wieder allein fand, war es mein Vater, den ich bat, mich gegen die Mächte der Zerstörung zu schützen, die in mir wuchsen. Denn obwohl er tot wahr, fuhr er fort, zu mir zu sprechen.

Er hatte mir niemals verhehlt, daß Leiden und Gefahren einen Teil des Lebens ausmachen.

Und trotzdem muß man weitermachen.

Ein Wesen, es sei ein Kind oder ein Mann, zu beschützen kann niemals heißen, ihm die Gefahren des Daseins zu verbergen, den Teil an Unglück, den es enthält. Jemanden zu schützen heißt vor allem, ihn sehen zu lehren, ihm die Gefahr in ihm und um ihn her zu zeigen. Dann wird er fähig, standzuhalten und zu siegen.

Ich wollte meinen Kindern sein, was mein Vater für mich gewesen war. Ich beobachtete sie, erkannte ihre Unterschiede: Nicole selbstsicher, Suzanne sensibel, Charles kraftvoll, Richard, dessen Fröhlichkeit ich schon ahnte.

Aber es ist nicht leicht, Vater zu sein.

Wenn ich mich damals zwischen zwei Wegen entscheiden mußte, zwischen Strenge und Nachsicht, zwischen Vorsicht und Mut, sagte ich mir im Gedanken an meinen Vater: Was hätte er gemacht?

Ich versuchte, ähnliche Situationen wiederzufinden, in mir die Erinnerung an Zusammenstöße mit ihm zu wecken. Als er mich in meinem Zimmer eingeschlossen hatte, damit ich nicht mehr täglich durch die feindlichen Sperren gehen konnte, als ich floh, als er es endlich hinnahm, daß ich fortfuhr, mein Leben aufs Spiel zu setzen.

Glücklicherweise lebten wir im Frieden. Aber wenn Richard allein bis in den Baumwipfel klettern wollte, wenn sich Nicole in der felsigen, von weißem Schaum gesäumten Bucht ins tiefe Wasser warf, mußte ich an mich halten, um ihre Waghalsigkeiten zu dulden. Ich stand sprungbereit, um einzugreifen. Ich sah ihnen mit geballten Fäusten zu, und manchmal geschah es mir, daß ich auf sie zustürzte, sie zwang, vom Baum herunterzukommen, aus dem Wasser zu steigen. Dann klagte mich ihr verwunderter Blick an.

»Ich habe keine Angst«, wiederholte Richard, »ich halt mich fest, ich laß niemals einen Zweig los, ehe ich den nächsten gepackt habe.« Manchmal stieg ich vor ihm auf den Baum, ließ morsche Äste krachen, aber wenn ich heruntersprang, neben Richard, war seine Enttäuschung deutlich.

»Ich will anfangen, ich«, sagte er. »Zuerst ich.«

Das Kind und der Mann wollen ihre Kräfte erproben. Um zu werden, was sie sein wollen und müssen, ist es notwendig, daß sie der Welt trotzen, den Dingen und Verhältnissen.
Angst und Schmerz sind gute Lehrmeister.
Wer erprobt, entdeckt – und entdeckt zuerst sich selbst.

Auch wollte ich nicht, daß meine Söhne, meine Töchter nichts von den Leiden und Freuden erfuhren, die der durch Anstrengung angespannte Körper vermittelt. Das war mit ein Grund, die Stadt zu verlassen, das Universum der Maschinensklaven, die beißende Luft, die durch Betonmauern verschlossenen Horizonte, die langen, durch keine Bäume unterbrochenen Durchblicke.

Ich erinnerte mich an meine Zeit in den Wäldern Europas während des Krieges, als wir alle leben mußten mit dem Schnee als Mantel, als wir unsere roten, schrundigen

Hände an die Glut hielten, als das Eis in den Pfützen gefror. Bei uns waren Mitkämpfer, die aus der Stadt kamen. Bronek, der Professor, dünne Brille auf der Nasenspitze, schüttelte den Kopf, seufzte. »Wir leben wie die Tiere«, sagte er.

Die Bauern lachten.

»Du weißt aber auch gar nichts, Bronek, du hast zuviel Bücher gefressen, das taugt nichts, das Papier.«

Bronek irrte zwischen uns durch den Wald, verloren, als habe man ihn auf einen anderen Planeten versetzt. Er konnte kein Feuer machen, keinen Ast abbrechen, er marschierte, sein Blick klebte am Boden auf der Suche nach Hindernissen, an die er dann doch stieß.

Die Bauern gingen dagegen mit gleichmäßigen Schritten, kümmerten sich nicht um Schlammlöcher oder schneeverdeckte Baumstümpfe, die im Weg lagen, die sie aber im letzten Augenblick vermieden, als ob ihr Körper sie gewarnt habe. Sie sprangen über den Stumpf, sie warteten auf Bronek, sie riefen ihm zu: »Paß auf! Paß auf!«

Und der gewarnte Bronek stolperte trotzdem. Und doch sind Schnee, Wald, Natur ein Teil von der Welt des Menschen. Mit ihnen, gegen sie, dank ihnen hatte der Mensch seine Geschichte geschrieben. Aber manche hatten das Gefühl für dieses lebendige Universum verloren, das Universum der Felder, der Bäume. So kannte der gelehrte Bronek keines der Zeichen, aus denen die Bauern am Himmel oder auf dem Schnee lesen.

Den Körper, diese Natur in uns, die man kennen und beherrschen muß.

Zweites Kapitel

Ich sah, wie Bronek einen niedrigen Zweig mit dem Arm zurückbog und den Kopf nicht genug senkte, so daß ihm der Zweig wie eine eisige Ohrfeige mitten ins Gesicht schnellte. Kannte er nicht seine Körpergröße? Lehnte er seinen Leib ab, so sehr, daß er ihn nicht mehr fühlte? Er war linkisch, lächerlich, immer erschöpft.

Erst am Abend fand er zu seiner Würde zurück. Am knisternden Feuer begann er zu reden, erzählte Legenden, analysierte die Geschichte des Landes, schilderte, was in der Welt geändert werden müßte, damit die Erde zum Paradies werde. Wir schwiegen unter dem Zauber seiner warmen Stimme. Dann sagte einer von uns lachend:

»Man hört dir zu, du redest so gut, und dabei braucht man dich ja nur gehen zu sehen. Wie soll man dir glauben, du kennst ja die Wirklichkeit nicht, noch nicht einmal die Bäume.«

Bronek störten die Unterbrechungen, die sich nach kurzer oder längerer Zeit wiederholten, wenn er zu uns sprach.

»Was gibt es hier schon zu sehen? Ich bin hier nicht geboren, aber was ich sage, ist wahr, ihr...«

»Du weißt nicht einmal, ob es morgen schneien wird.«

Bronek stand auf.

»Dummköpfe, Dummköpfe...«

Und meistens, wenn er sich vom Feuer entfernte, stolperte er, und wir alle lachten.

Einer nach dem anderen versanken wir in Schlaf. Als ich Wache stand, an einen Baumstamm gelehnt, in einen Pelz eingehüllt, dachte ich an Bronek. Ich lachte lautlos, ich sprach mit einem imaginären Gegenüber, ich versuchte zu verstehen, ich dachte mir einen Mann aus, der den Körper und Instinkt eines Landbewohners hatte, für den der Wald kein Geheimnis barg und der außerdem so zu führen verstände, wie es Bronek im Wald der Ideen tat. Doch Bronek hatte seinen Körper übersehen. Die Bauern dagegen, unsere Kameraden, hatten oft nicht einmal entdecken können, daß es noch etwas anderes gab als den Boden der Felder, die Wetterveränderungen und die Krankheiten und Launen des Viehs.

Ein Mensch soll ein Ganzes sein. Er besteht aus Instinkt und Vernunft. Er muß dem Körper und dem Geist gerecht werden. Der Baum hat Rinde und Saft. Wenn man die Rinde entfernt, stirbt er ab. Wenn sein Saft vertrocknet, verkommt die Rinde, und der Baum stirbt. Wer nichts als Saft sein will oder wer nur die Rinde kennt, ist nicht wirklich ein Mensch.

Ich wußte, daß meine Kinder in den großen Städten ihren Körper nicht entdecken konnten, nicht die Ermüdung der Muskeln, den Geschmack der vom Baum gepflückten Früchte. Daß sie sich niemals an Dornen ritzen und niemals lernen konnten, aus den leichten weißen Wolkenschleiern, die von Westen kamen, einen nahenden Sturm zu erkennen.

Und ich wollte, daß sie zuerst dieses Wissen in sich aufnehmen sollten, das Wissen des Körpers von seinem Gegenüber, Wind, Pflanzen, Himmel. Sie sollten, wenn sie sich in die Wellen warfen, wenn sie sich an die Zweige

Zweites Kapitel

klammerten, den Widerstand der Welt und ihre eigene Kraft und Schwäche erfahren.

Nicole. An einem Frühlingstag, wo das Meer noch eisig, wild ist, wollte sie baden. Unsere Bucht war verlassen. Rote Felsen, über die in Stößen weißer Schaum fegt. Doch das Ende der Bucht bildet ein Strand aus Geröll, an dem sich die Wellen brachen. Ich versuchte, Nicole davon abzuhalten, ins Wasser zu springen. Eine Ahnung. Sie bestand darauf. Ich war allein mit ihr.

»Das ist doch wichtig für mich«, sagte sie. Ihr Ausdruck war fest, willensstark. Sie wollte sich prüfen. Ich zog mich ebenfalls aus.

»Warte.«

Schon lief sie in den Schaum, tauchte in eine Woge, ich sah sie in einem Wellental auftauchen. Das Wasser schlug an meine Beine. Vielleicht war es besser, daß ich stehenblieb. Dann begann sie zu schwimmen, entfernte sich vom Ufer, kam dorthin, wo sich die Wellen nicht mehr brachen, wo sich hohe Wellenberge türmten. Ich machte ihr ein Zeichen, zum Ufer zurückzukommen, ich erriet ihr Lächeln, ihre Freude, sich bewähren zu müssen. Sie schwamm wieder auf den kleinen Strand zu, getragen vom Schwung einer Welle. Schon streckte sie mir die Hand entgegen, als der Rückstrom der Woge sie rücksichtslos mit sich riß, sie einsog, hinaustrug. Die Bucht wirkte auf die Wellen wie ein Trichter. Wenn ich mich ins Wasser geworfen hätte, wäre ich in den Sog gerissen und weit vom Ufer fortgeschleudert worden.

»Weiter hinaus, bleib draußen, nicht müde werden.«

Sie winkte, und ich sah, wie sie sich auf dem Rücken aus

der weißen, kochenden Zone hinaustreiben lassen wollte. Ich sprang auf die Felsen, ich verfluchte mich, ich brüllte mich an, daß ich Herausforderungen zugelassen hatte, brüllte gegen meine Schwäche, meine Blindheit. Im Wagen hatte ich eine Leine. Laufend kam ich zum Strand zurück. Nicole war noch immer da, immer im gleichen Abstand vom Ufer. Ich stieg wieder ins Wasser und warf ihr die Leine zu, die sie ergriff. Ich begann zu ziehen, und trotz dem Rücksog war sie bald bei mir, mit Mühe atmend, zitternd, die Lippen weiß vor Kälte.

Ich habe sie schweigend abgetrocknet.

»Hast du begriffen?« fragte ich sie dann.

Sie bejahte mit einer kleinen Kopfbewegung.

»Man kann nicht alles tun. Nicht alles wollen. Und ich hatte unrecht, als ich dir nachgab«, sagte ich.

Wir gingen langsam, Hand in Hand, zum Wagen.

»Das ist ein kleines Abenteuer von uns beiden. Wir werden nicht davon reden, wenn du es nicht willst.«

Sie drückte mir stärker die Hand.

»Du denkst darüber nach, und wenn du meinst, daß wir es Mama, Suzanne und Charles erzählen können, tun wir es.«

Ich hoffte, daß sie sich dafür entscheiden werde.

Ein paar Tage später suchte mich Nicole. Ich saß allein auf der Terrasse, dem Meer zugewandt.

»Also«, sagte ich, »ich glaube, wir müssen es ihnen sagen. Charles ist immer so ein Tollkopf, verstehst du, er soll so etwas wissen.«

Bei Tisch, beim Essen, erzählte sie, ohne Übertreibung, ohne etwas zu beschönigen, sah mich ab und zu an, und ich sagte: »Das war es also. Wir waren sehr unvorsichtig.«

»Aber das ist vorbei«, hat Dina geantwortet.

Die Vergangenheit muß für einen Menschen zunächst zur Erfahrung werden, aus der er dann lernen kann.

Aber manchmal ist die Vergangenheit ein Sumpf, in dem man immer tiefer einsinkt, zugrunde geht, manchmal verdammt die Vergangenheit zu einem langsamen Tod.

Das habe ich begriffen, als ich wieder allein war, meine Frau und meine Kinder tot, das Dasein wie eine Wüste vor mir.

Meine Versuchung, mein einziger Wunsch war es, mit der Vergangenheit zu leben, mich in meine Erinnerung einzukapseln.

Ich habe alles Spielzeug und ihre ganze Kleidung aufbewahrt, die Akkordeons und die Zeichenmappen. Ich ließ alles unter der Lava meines Unglücks versteinern. Ich wollte nichts berühren, ich wollte, daß mein Blick und mein Herz sie wiederfanden, diese leblosen Dinge, die einzige Spur ihres Lebens.

Abends setzte ich mich ins Musikzimmer, und auf den entrollten Bildschirm projizierte ich die ganze Nacht hindurch die Filme und Fotos, die ich von ihnen gemacht hatte. Ich sah sie über die Wiesen laufen, unter dem lauen Wasser eines von der Sonne erwärmten Bewässerungsrohrs spielen. Ich konnte nicht einmal weinen oder schreien oder mich auflehnen. Ich lebte mit den Augen, als ob ich, wenn ich die Bilder sah, die Dinge berührte, die ihnen gehört hatten, sie wieder lebendig machen konnte. Einen Monat lang begann ich damit Abend für Abend. Ich weigerte mich, zu sprechen, ich hatte weder Hunger noch Durst, die Gegenwart, die Zukunft gab es nicht mehr. Nur Vergangenheit.

Eines Abends haben mich Müdigkeit und Erschöpfung überwältigt. Ich bin vor dem Bildschirm eingeschlafen, ganz plötzlich, denn ich erinnerte mich nicht mehr, mich ausgestreckt zu haben. Doch als mich die Sonne weckte, erlebte ich noch einmal den Alptraum, der mich im Schlaf heimgesucht hatte. Ich war im Lager des Todes, diesem Lager, dem ich auf wunderbare Weise entkommen bin. Doch in meinem Alptraum gelang es mir nicht zu fliehen, der gelbe Sand, den man aus den Gräben hob – in denen die Henker Tausende von Opfern verscharrten –, begrub mich nach und nach, rieselte mir in die Augen, in den Mund. Ich erstickte. Ich wachte auf, als der Bagger die letzte Schaufel Sand über mich gleiten ließ. Den ganzen Morgen irrte ich im Haus umher, machte immer wieder die Runde durch die Zimmer meiner Kinder, berührte die Gegenstände, die ihnen gehört hatten, sah auf diese Betten, die ich so gelassen hatte, wie sie an ihrem Todestage waren.

Ist man den Seinen treu,
wenn man über sein Unglück gebeugt lebt?

Zweites Kapitel

Im Todeslager habe ich Männer gekannt, die im Namen dessen, was sie Treue nannten, sich im gelben Sand verscharren ließen. Der Alptraum der Nacht ist wiedergekommen.

Ich habe gefühlt, wie der Sand auf mich rutschte, mich erstickte. Damals, im Lager, war ich geflohen. Nicht, um die Meinen zu vergessen, sondern um sie zu verteidigen, für sie zu zeugen. Und jetzt?

An diesem Abend kam ein Nachbar, um mir ein langes Schreiben zu bringen, in dem die Einwohner der Gegend die Behörden um Hilfe baten nach den Verwüstungen durch den Brand, in dem die Meinen umgekommen waren.

»Ein Schreiben?«, sagte ich. »Hilfe? Aber das genügt nicht. Man muß mehr tun.«

In diesem Augenblick beschloß ich, die *Stiftung Dina Gray* zum Schutz der Natur zu gründen, um den Kampf gegen die Waldbrände zu verstärken.

Noch einmal versuchte ich, mich nicht von der Vergangenheit überwältigen zu lassen, ihr aber treu zu bleiben, indem ich sie wie ein Sprungbrett nutzte.

Die Vergangenheit eines Menschen kann wie Unkraut auf dem Acker oder wie eine Schlingpflanze an einer Mauer sein.
Sie kann die jungen Triebe ersticken, sie kann die festesten Steine zerbröckeln.
Die Vergangenheit kann wie eine Krankheit für den Menschen sein. Der Mensch kann seine Vergangenheit nicht auslöschen oder leugnen. Er trägt sie mit sich, für immer

eingeprägt. Sie ist seine persönliche, einmalige Geschichte. Doch er muß sich an sie anlehnen.
Sich verlassen auf diese Erfahrung, um sich von ihr zu entfernen, ohne sie zu verraten und ohne sie zu vergessen. Denn Leben ist der Weg in die Zukunft. Und man braucht Vertrauen zu dem, was kommt.

Oft bin ich während des Krieges oder viel später in den großen Städten, in denen ich Geschäfte abzuwickeln hatte, Menschen begegnet, die sich feindlich benahmen. Einige raubten mir meinen Besitz, andere verrieten mich. Doch sie wußten, diese Lumpen unserer Zeit, daß sie mich zum Hunger verurteilten, wenn sie mich bestahlen, daß sie mich in den Tod schickten, wenn sie mich den Soldaten verrieten. Und andere, die mich im Frieden am Verkaufen hinderten – wozu verdammten sie mich, wenn nicht zur Armut?

Wie hätte ich Menschen vertrauen können, die mir den Krieg erklärten? Und doch bin ich eines Tages aus Bedürfnis oder aus Trotz auf diese Kerle, meine Feinde, zugegangen, um mich mit ihnen zu verbünden.

»Da bin ich«, habe ich gesagt.

Ich habe von ihren Interessen geredet, ich habe nicht Gefühle geweckt, nicht an die Solidarität appelliert, die ein Mensch für den anderen empfinden soll. Ich habe nicht einmal gehofft, daß sie von ihren Gepflogenheiten, ihrer Vergangenheit abrückten.

Wir fingen an, die Gefahren gemeinsam auf uns zu nehmen, die Säcke mit Weizen in das ausgehungerte Getto zu schaffen, wir sind gemeinsam geflohen, haben gemeinsam gekämpft. Und nach und nach habe ich erlebt, wie diese Lumpen, die mir aus Dreck und Haß gemacht zu sein schienen, die Hand öffneten und sie mir entgegenhielten.

Es gibt immer die Möglichkeit, daß ein Mensch besser ist,
als er zu sein scheint.
Man muß im Menschen den Weg finden zu seiner tiefsten
Quelle. Man muß ihm helfen,
sie wieder zum Fließen zu bringen.
Dann kommt der Mensch ans Licht. Der wahre.
Denn der Mensch ist zwar seiner Vergangenheit verhaftet,
aber auch mit der Zukunft verbunden.

Ich sprach lange mit einem der Kerle aus der Bande, die ich während des Krieges um mich gesammelt hatte. Manchmal mußten wir uns mehrere Stunden Seite an Seite versteckt halten, und ich fragte ihn:

»Mokotow, warum bist du das?«

»Was?«

»Ein Dieb.«

Er zuckte mit den Schultern, lächelte.

»Wer ist kein Dieb?« fragte er. »Ich muß auch leben.«

»Doch du könntest einen anderen Weg einschlagen, du...«

Er unterbrach mich, hörte auf zu lächeln, streckte sich auf dem Rücken aus, die Hände unter dem Kopf.

»Wer sagt, daß ich es nicht versucht habe?«

»Warum versuchst du es nicht mehr?«

»Der Krieg...«

»Der Krieg geht einmal zu Ende, dann kannst du es.«

»Glaubst du?«

In seiner Stimme lag Hoffnung, und ich erkannte in seinem Innern diesen noch unverletzten Teil, diesen Teil, den seine Geschichte als Mensch und die Geschichte der Menschen noch nicht verunstaltet hatten.

»Ich bin sicher, daß du neu anfangen kannst.«

Er schwieg. Dann wiederholte er: »Glaubst du?«

*In fast allen Menschen ruht ein unwandelbarer Kern
unter Verkrustungen.
Wer ihn finden will,
muß glauben, daß es ihn gibt.*

Mokotow ist mein Freund geworden. Er hat sich von denen getrennt, die – vielleicht weil niemals jemand mit ihnen gesprochen hat – sich selbst immer noch unbekannt blieben und sich in Gewalttätigkeit ergingen. Er hat mir geholfen. Er hat gekämpft wie ein Gerechter.

Ich habe ihn vergebens gesucht, als ich mit den siegreichen Truppen in die Stadt zurückkehrte. Wo ist er geblieben? Vielleicht gefallen als Märtyrer im weißen Staub der Trümmer, ein trotziges Lächeln auf den Lippen.

*Wenn sich der Mensch selbst entdeckt hat,
wenn der Mensch
einmal die Quelle in sich vernommen hat,
wer kann sagen,
zu welcher Größe er sich dann erheben kann?*

Ich habe oft an Mokotow gedacht.

Lange danach, als schon mein drittes Leben, das Leben des Glücks, hinter mir lag und ich die Hauptstädte der

Welt besuchte, um Zeugnis abzulegen, fand ich in einer mittelalterlichen Stadt ihre Devise: »Mehr ist in dir.« Und ich habe Mokotow begriffen.

Mehr ist im Menschen.

Ich wußte, daß dieses Wort zutrifft.

Doch als der Krieg mich ergriffen hatte, wußte ich nichts von dem, was innerhalb des menschlichen Körpers an Widerstand vorhanden sein kann. Vor allem wußte ich nicht, daß der Geist eines Menschen ein Diamant sein kann. Daß man ihn nicht brechen kann.

Ich habe gefolterte Männer in ihre Gefangenenzellen zurückkehren sehen, die sich keinen Schmerzenslaut und kein Geständnis abpressen ließen.

Ich fühlte, wie unter den Schlägen mein Wille erstarkte. Je mehr mein Körper zu bersten, meine Haut zu zerreißen drohte, um so mehr merkte ich, daß sich mein Ich zusammenzog, sich sammelte.

Die Henker schlugen auf mich ein, damit ich sterben sollte, aus der Welt verschwinden, und ich hatte das Gefühl, geboren zu werden.

Sie wollten sogar die Erinnerung an mein Volk tilgen, und ich war sicher, daß es endlich stärker hervorgehen werde.

Meine Hoffnung hat sich verwirklicht. Mein Volk war verstreut. Die Verfolgungen haben es endlich um seine Quelle versammelt.

Die Prüfung ist für den Menschen das Mittel, sich kennenzulernen und zu wachsen.

Leiden und Unglück und Ungerechtigkeit lassen den Diamanten heller leuchten, der im Herzen jedes wahren Menschen ist.
Sie zerschmettern nur den, der nichts in sich hat.

Ich habe etwas in mir. Ich bin nicht stolz darauf. Andere, mein Vater, meine Mutter, diese gerechten Menschen, an deren Seite ich ging, und weiterhin mein ganzes Volk, das mir seine Geschichte überliefert hat, haben aus mir gemacht, was ich bin. Sie haben mir die Kraft und die Hoffnung gegeben.

Ihnen allen danke ich es, daß ich meine Wurzeln tief einsenken konnte. Ich besitze die Rinde und den Saft. Ich habe meine Quelle wiedergefunden, und das Wasser des Ursprungs tränkt mich immer noch. Ich habe das Leben geliebt. Ich liebe es noch.

Ich habe gelernt, ich selbst sein zu wollen, ich selbst zu sein. Nach und nach habe ich die wilden Kräfte, die in jedem Wesen sind, gezähmt, ich habe mich zu ihrem Vorhandensein bekannt und versucht, ihnen nicht nachzugeben.

Sie haben sich entfesselt und sich gegen mich gewandt, als ich wieder allein war, für alle Zeiten um die Meinen gebracht. Sie hätten fast gesiegt. Ich nahm eine Waffe, um mein Leben zu beenden. Ich habe mich umbringen wollen.

Vielleicht stehe ich am Beginn eines vierten Lebens, das keines meiner vorigen Leben verleugnet, das nicht aus Vergessen und Verneinen der Vergangenheit gemacht ist.

Zweites Kapitel

Glauben heißt für einen Menschen,
niemals zu vergessen, was vorher war, sondern es zu wissen
und sich davon zu befreien,
um besser sich selbst zu sehen und das Ziel zu erkennen.
Und das Ziel des Menschen ist, er selbst zu sein.
Denn er selbst zu sein
heißt den anderen entgegenzugehen.
Wie die Quelle ins Meer strömt.

Der Stein
oder
der einsame Mensch

So fern ist das Meer, manchmal.

Seit ich allein bin, stehe ich oft lange Stunden auf die Ziegelmauer gestützt, die sich um die Terrasse des Hauses zieht.

Früher brachen wir auf, wenn es warm wurde, mit Dina und den Kindern an den Strand: unser täglicher Ausflug ins Land des Lärms, ins Universum der Menge, in die geräuschvolle Masse am überfüllten Strand.

Ich betrachte sie von hier aus, diese blaugraue, in Nebel gehüllte Weite. Ich warte darauf, daß die rote Sonne sich am Horizont in ihr zu verlieren scheint. Ich bewege mich nicht, gefesselt von dem alles verschlingenden Meer.

Ich bin allein.

Ich war schon so oft allein. Zwischen den Gefängnismauern, als ich glaubte, die Stunde sei da, wo ich auf das Leben verzichten sollte.

In den Wäldern, als ich vor Lager und Tod floh.

Und dann wieder allein zwischen den anderen. In der großen Stadt, die langen geraden Straßen, das blitzende Metall der Wagen, der staubbeschwerte Wind, der zwischen dem Mauerwerk der Wolkenkratzer wirbelt; war allein mitten zwischen den Frauen und den Männern, die mich anstießen.

Sie wie ich: allein.

Wir stiegen Schulter an Schulter die Stufen zur Metro hinab, wir drängten uns in den Fahrstühlen, unsere Blicke begegneten sich nicht.

Eines Tages, als ich an die hintere Wand des Fahrstuhls

gepreßt stand, fühlte ich Angst in mir aufsteigen. Ich habe angenommen, daß die Hitze, der Luftmangel schuld waren oder eine verworrene Furcht, weil ich so weit von der Tür entfernt war, weil zwischen ihr und mir zwei Dutzend Leute standen, von denen ich nur den Nacken sah.

Margaret, die damals meine Freundin war, erzählte mir oft, sie fürchte sich so, in der Menge gefangen zu bleiben, daß sie in ein volles Abteil nicht eintreten möchte, auch nicht in ein Kino, wenn nur noch wenige Plätze frei seien. Sie lachte: »Ich ersticke, ich verliere den Kopf, ich muß rausgehen. Und sogar im Flugzeug, manchmal...«

Ich lachte sie aus. Ich hatte die Waggons kennengelernt, die in die Hölle fuhren und in denen wir schon starben. Ich kannte Abflußkanäle, durch die ich mich wand, um in die freie Stadt zu gelangen und Waffen zu kaufen. Ich hatte es gelernt, die Angst zu beherrschen, die man empfindet, wenn man sich in einen engen, halb mit Wasser gefüllten Tunnel unter die Erde begibt. Ich meinte, das, worüber Margaret klagte, könnte ich nicht fühlen.

»Meine Kehle ist wie zugeschnürt«, erklärte sie. Sie legte sich die Hand um den Hals.

»Es ist, als ob mich jemand so an der Kehle packt. Ich kann dir sagen, viele meiner Freundinnen sind wie ich. Meine Mutter hat es auch so empfunden.«

»Das ist das Alter«, antwortete ich lachend, »und schließlich seid ihr Frauen.«

Margaret zuckte mit den Schultern. Und sie hatte recht.

Ich wurde, auch ich, der ich mich so gut in der Hand zu haben glaubte, von dieser unvernünftigen Angst befallen, die mir Margaret beschrieben hatte, als sich der Fahrstuhl hob. Endlich öffnete sich die Tür, die Menschen drängten stoßend und schiebend hinaus, und ich ging langsam, nachdenklich durch die blitzende Helle des großen Kaufhauses.

Woher kam diese Angst? Warum hat sie mich überschwemmt, mich, nach so vielen anderen? Warum gelingt es dem Geist nicht, sich zu verteidigen, diesen Sumpf aus Unruhe zu verhindern, die Hitze, die in der Kehle aufsteigt?

Dann ging ich wieder auf die Straße. Die Nacht kam, mit ihr ein feuchter Nebel. Gruppen eiliger Angestellter kamen aus den Büros, überquerten wie Schaum die Straßen, tauchten in die Metroschächte ein.

Die Angst hatte mich gepackt, die Angst, die Margaret kannte; sie war nicht nur körperlich bedingt. Der Schweiß, der meine Stirn bedeckte, war nicht durch die Hitze entstanden.

Ich fühlte, wir alle fühlten mehr oder weniger stark, je nach unserer Müdigkeit oder Gesundheit, *die Einsamkeit mitten zwischen den anderen.*

Im Fahrstuhl war es mir nicht klargeworden, aber diese Nacken vor mir, diese Körper um mich, die Gruppe von zusammengepferchten Männern und Frauen, diese Männer und diese Frauen, die nicht miteinander sprachen, die einander nicht ansahen, sich nicht kannten, sich nicht wiedersehen würden, das alles war für mich, war für jeden unter uns der Beweis, daß einer für den anderen nicht vorhanden war, oder doch mindestens, daß wir einsam in dieser Menge waren. Und wie hätten wir dann, als wir mit dem ganzen Körper fühlten, daß jeder ein Fremder für den anderen war, nicht Angst haben sollen, uns nicht getroffen, verwundet, bis ins Tiefste vernichtet fühlen?

Denn Menschen, die einander nicht kennen, sind wie Steine auf einem Haufen. Und der einsame Mensch ist ein harter, unfruchtbarer Stein auf einem Acker.

Ich blieb lange auf der Terrasse, bis die Sonne vollständig verschwunden war. Ich zögerte. Manchmal rief mir Madame Sluton über den Weg herüber zu:

»Sie sind da, Monsieur Gray, begleiten sie mich doch.«

Sie war eine tatkräftige Frau, die seit einigen Jahren allein in einem kleinen Haus am Dorfeingang wohnte. Ein- oder zweimal im Jahr machte ihre Tochter ihr einen kurzen Besuch. Zuweilen, wenn ich mit Dina und den Kindern an ihr vorbeiging, sahen wir Madame Sluton, die uns grüßte. Sie saß unter einem Olivenbaum, Bücher um sich her aufgehäuft, und sie winkte fröhlich mit dem, in dem sie gerade las.

»Sie ist immer allein«, sagte Suzanne. »Wie kann sie das nur? Mit wem spricht sie?«

Dina erklärte, mit den Büchern, mit ihrer Tochter.

»Sie sieht sie doch fast nie«, sagte Suzanne.

Seit dem Brand und dem Tod der Meinen entdeckte ich Madame Sluton.

»Also, Monsieur Gray, Sie begleiten mich.«

Ich traf sie auf dem Weg, wo sie, auf ihren dicken Stock gestützt, auf mich wartete. Wir gingen langsam. Sie redete.

»Kennen Sie Miguel? Er wollte sich heute keine

Spritze geben lassen, sie sind doch komisch, diese Männer; Miguel, dieser Wilddieb, hat den Krieg mitgemacht und hat Angst vor einer Spritze.«

Aus ihrem Plaudern lernte ich Madame Sluton kennen. Sie spielte die Rolle einer freiwilligen Krankenschwester im Dorf. Sie zwang die Kranken, ihre Anordnungen zu befolgen, sie kanzelte die Mütter ab, die ihre Kinder vernachlässigten, sie beriet die Väter.

»Und Sie, Martin Gray, erzählen Sie von sich.«

Aber sie ließ mir nicht einmal die Zeit, zu einer Antwort anzusetzen.

»Wissen Sie, was ich heute wieder gelesen habe? Ich habe dabei an Sie gedacht. Eine Seite aus dem Alten Testament, aber ja…«

An einem anderen Abend erzählte sie mir von einer wissenschaftlichen Entdeckung, die vielleicht die Krebsbehandlung revolutionieren könne. Sie begeisterte sich.

»Stellen Sie sich vor: Die überflüssigen Leiden der Krankheit beseitigen! Sie begreifen, Monsieur Gray, es ist noch so viel zu tun. Wenn ich sehe, daß der Kampf an irgendeiner Stelle gewonnen worden ist – Sie können sich nicht vorstellen, welche Freude das für mich ist, welche Freude.«

Sie nahm meinen Arm.

»Martin, all das erfreut mich so, weil es schließlich immer wieder etwas Neues unter der Sonne gibt, und das ist begeisternd.«

Sie lud mich ein, ich setzte mich in ihre kleine Küche.

»Ich mache Ihnen Tee.«

Auf dem Tisch Zeitschriften, auch Bücher. Manchmal,

wenn wir gerade gekommen waren, klopfte ein Junge an die Tür.

»Madame Sluton«, begann er.

Es war immer ein Dienst, um den man sie bat – ein Buch leihen, manchmal auch Geld, zuweilen sollte eine Spritze verabreicht werden. Madame Sluton zog eine dicke Wolljacke an. Ihr runzliges Gesicht war fröhlich.

»Entschuldigen Sie mich, bedienen Sie sich selbst, warten Sie auf mich, wenn Sie wollen; Sie sehen, ich kann jetzt keinen Augenblick verlieren.«

Zuweilen ging ich wieder mit ihr fort, manchmal wartete ich auf sie oder ging allein nach Hause. Ich dachte an die Einsamkeit, die ich in der großen Stadt erfahren hatte, der so viele Leute erliegen, dieser angsterregenden Einsamkeit, die man mit Drogen oder Fernsehen bekämpft. Und ich sah wieder Madame Sluton vor mir, die allein lebte und es niemals war.

Der Mensch kann mitten zwischen anderen allein sein. Aber wer sich der Welt öffnet, wer brüderlich bleiben kann, wer sich mit den anderen solidarisch fühlt, der mag wohl allein sein, aber einsam ist er nicht. Denn wenn man anderen eine Hand hinhält, wird sie ergriffen.
Der Mensch ist niemals einsam, wenn er allein ist. Er kann immer einen anderen finden, der mit ihm das Leben bestehen will.

Mir ist es zugestoßen, daß ich daran zweifelte, die Hand, die ich so brauchte, je zu finden. Mehrmals.

Und vor allem im Innern der Hölle, im Vernichtungslager. Da waren die Henker Tiere mit Menschengesichtern, und die Opfer schienen einander nicht zu sehen, sie nahmen es wohl hin, daß einer nach dem anderen ausgelöscht wurde.

Auch im Frieden hatte ich die Angst, allein zu sein.

Angst – denn wenn man allein bleibt, wozu nützt es, daß man lebt?

Dann entdeckte ich, daß ich selbst der Urheber dieses Gefängnisses, dieser Einsamkeit, dieser Angst war. Daß ich nicht verstanden hatte, die Hand, die sich mir entgegenstreckte, zu ergreifen.

Der Rückzug auf sich selbst, die Eingeschlossenheit, der eiserne Ring des Ich sind tödliche Gifte. Sie lassen die Angst entstehen. Sie machen einsam.

Als ich in Treblinka über den Selektionsplatz ging, wo die Henker uns zum Entkleiden zwangen, bevor sie uns in den Tod schickten, habe ich Gefangene bemerkt, die ihr Leben aufs Spiel setzten, um einem kräftigen Ankömmling einen Rat zuzuflüstern, damit er sich zu retten versuchte. Doch in den ersten Tagen begriff ich nichts von ihrem Mut, ich verließ mich auf den Anschein und wiegte mich in trügerischer Sicherheit. Ich hatte mir vorgestellt, daß hier, in der Hölle, der Mensch nicht allein sein könnte.

Nach einigen Wochen retteten mir Menschen wortlos das Leben, gaben ihres hin, um meines zu schützen.

Und dann, am Rand eines Feldes, später, als ich schon geflohen war, hielt mir ein Bauer ein Stück Brot hin. Das Brot der Brüderlichkeit.

Drittes Kapitel

Und dann, in einem anderen Gefängnis, rettete mich ein Feind, ein Mann in der Henkersuniform, vor der allgemeinen Hinrichtung. Und sein erster Blick hatte mir die Verzweiflung verboten.

Der Blick eines Menschen genügt, die Einsamkeit zu durchbrechen. Und dieser Blick wird kommen. Doch man muß vorher daran glauben, daß er kommt.

So waren auch die Menschen, die in dem barbarischen Krieg am schnellsten der Angst und damit dem Tod erlagen, diejenigen, die ihr Leben einsam gelebt hatten. Die, für die ihr eigener Körper die Grenzen der Welt bedeutete.

Mir aber hat mein Vater gesagt: »Es ist notwendig, daß du lebst, daß du Zeugnis ablegst, daß du uns rächst, daß du unser Volk fortsetzst.«

Ich war also viel mehr als ich.

Ich marschierte allein durch den Wald, um Mitkämpfer zu suchen, und ich empfand keine Müdigkeit. Als man mich gegen eine Mauer stellte, um mich zu erschießen, ließ ich mich durch eine Luke in einen Keller fallen, und um zu fliehen, nahm ich es hin, mich in Exkrementen zu verbergen.

Hatte ich mehr Mut als die anderen? Gewiß, ich war jung. Doch vor allem hatte ich das Gefühl, ein nur geringer, aber notwendiger Teil einer unzählbaren Gruppe, meines unsterblichen Volkes zu sein. Ich konnte nicht unterliegen. Ich war nicht mehr auf mich selbst gestellt. Ich war nicht allein.

Ich denke an jene Begegnung, Winterende, an einem

Waldrand, als der Schnee noch auf den Feldern lag und der niedrige, schwere Himmel sich an die Bäume zu klammern schien.

Es waren zwei junge Männer, ich hatte ihre Stimmen gehört und das Knacken der Zweige, ich war ihnen gefolgt, weil ich ihnen nicht traute, dann habe ich die Worte erkannt, die Worte meiner Sprache, und bin hinter ihnen her gegangen, bis sie sich umdrehten, erschrocken, dann erfreut.

»Woher kommst du?« fragten sie.

Ich erklärte, ich erzählte von meiner mehrmaligen Flucht, wie ich mich zur Hauptstadt durchschlug, wie das, was von meinem Volk noch übrig war, gegen die Henker kämpfte.

»Kommt mit.«

Ich drang in sie, ich drängte sie, mit mir in das Feuer der Schlacht zu kommen. Sie blickten mich an. Der Jüngere, dem schwarze Locken in die Stirn fielen, sah mich mit glänzenden Augen an. Der Ältere biß an den langen Nägeln seiner frostroten Fingerspitzen. »Nein«, sagte er, »Nein. Wir sind dem Winter entkommen. Wir haben bis heute überlebt. Wir werden hier warten.«

Ich habe wieder zu reden angefangen. Doch ich kannte schon die Art der Männer: Ich konnte diejenigen, die sich auflehnen, von denen unterscheiden, die gehorchen. Der Jüngere hielt sich an die Entscheidung des Älteren, und der änderte seine Meinung nicht.

Ich sagte wieder: »Es ist notwendig, notwendig, daß wir da hingehen, mit den anderen, für uns, für sie.«

»Adieu«, sagte der Ältere. »Die anderen?«

Er lachte auf. »Du weißt, was sie sind«, fuhr er fort, »rasende Tiere. Und Feiglinge.«

Ich ließ sie und tauchte wieder in den Wald ein. Ich hatte keine Zeit, um sie zu überzeugen. Eine verlorene Stunde war dem Leben meines Volkes verloren.

Ich entfernte mich rasch. Ich stieß die Zweige zurück, die meinen Weg hemmten, der Schnee stäubte weiß.

Ich drehte mich um. Ich sah sie unbeweglich stehen, mir nachblicken. Sie waren zwei, einsam in der Ödnis ihrer Weigerung, und so schwach, so verletzlich, zwei unbewaffnete, auf sich allein verwiesene Körper. Während ich sicher war und stark durch die Hoffnung eines ganzen Volkes, durch sein Verlangen nach Kampf und Überleben.

Ein Mensch ist nie allein, wenn er weiß, daß er ein zwar geringer, aber notwendiger Teil eines Ganzen ist, eines mächtigen, unüberschaubaren Ganzen: der gesamten Menschheit.
Ein Mensch ist nie allein, ein Mensch ist nie schwach, wenn er seine Kraft in den unendlichen Ozean der menschlichen Tatkraft wirft.

Ich habe es noch besser begriffen nach dem Tode der Meinen. Leben ist mir nur wieder möglich geworden seit dem Augenblick, wo es mir gelang, aus mir herauszukommen, nicht mehr über meinen Schmerz zu grübeln, sondern ihn für die anderen im Namen all der Meinen einzusetzen.

Man kann dem Unglück und der Einsamkeit nur entkommen, wenn man weiß, daß es einen noch unglücklicheren, noch einsameren Menschen gibt. Einen Menschen, der darauf wartet, daß man ihm die Hand hinstreckt.

Zu Anfang war es nicht leicht. Dann kam mir der Gedanke an diese Stiftung, die gegen die Zerstörung der Natur kämpfen soll, gegen Waldbrände und Verschmutzung.

Ich war nicht mehr der Mann, der ganz allein durch ein barbarisches Schicksal zu Boden geschlagen worden war, ich war wieder zum Mitkämpfer geworden, ich hatte eine Sache, die mich überstieg, ich war nützlich, ich war ein Teil von der Gesamtheit aller Menschen, und mein Unglück isolierte mich nicht, sondern näherte mich den anderen.

Manche begriffen mich nicht. Dieser wichtige Beamte, der mich in einem Büro des Ministeriums empfing, schüttelte den Kopf, als er zu mir sprach:

»Monsieur Gray, ich habe die größte Hochachtung vor Ihnen, ich verstehe Ihren Schmerz, Ihre Entrüstung – aber was können wir schon ausrichten! Sie sind ein einzelner Mensch, und Sie wollen alles ändern, da, wo die starken Organisationen gescheitert sind?« Ich war aber nicht allein, weil ich mich entschlossen hatte, mich den anderen zuzuwenden. Ich wußte, daß sie mir entgegenkamen.

Der skeptische Beamte hatte mich nicht unsicher gemacht, er war im Unrecht.

Eines Tages, mehrere Wochen danach, versammelten sich vor diesem vom Feuer versengten Rasen Dutzende von Menschen, die Bürgermeister der Dörfer in diesem

Gebiet, Journalisten, einflußreiche Persönlichkeiten und einfache Menschen. Sie alle wollten wie ich verhindern, daß sich ein neues Drama wie das meine entwickelte, daß das Feuer Menschen und Wälder vernichtete.

Ich habe zu ihnen gesprochen; ich war nicht mehr allein: Wir waren eine Gruppe mit einem gemeinsamen Ziel.

Als einer der letzten ging der Beamte, den das Ministerium als »Beobachter« geschickt hatte. Er drückte mir lange die Hand.

»Sie sind ungewöhnlich«, wiederholte er, »wirklich, ich hätte gedacht, Sie würden scheitern.«

Ungewöhnlich? Er war es, weil er nicht begriff, daß man die Kraft in den anderen finden kann, wenn man auf sie zugeht.

»Ich habe mir gesagt«, fuhr er fort und hielt mir die Hand hin, »wäre ich an der Stelle von Martin Gray, würde ich vor Gericht klagen, damit Nachforschungen nach dem für den Brand Verantwortlichen angestellt werden, denn man muß doch wissen, wer Schuld hat, nicht wahr?«

Ich hörte ihn an. Wäre ich seiner Stimme gefolgt, hätte sie mich in eine noch ödere Einsamkeit geführt. Es war notwendig, die Wiederholung solcher Dramen zu verhindern, zu verhindern, daß die Flammen wieder über die Hügel schlugen. Doch dazu darf man sich nicht der Vergangenheit zuwenden, sondern muß sich um die Zukunft kümmern. Es ging nicht darum, Schuldige zu finden, sondern Verbündete.

Die anderen anzuklagen heißt sich in sich selbst einzuschließen, sich zum Alleinsein zu verurteilen.

Der andere ist nicht zunächst ein Feind, sondern ein möglicher Verbündeter.
Und selbst der Mensch, der dich bekämpft, kann dir helfen. Denn jeder Mensch muß sich durch seinen Gegner eine Lehre vermitteln lassen.

Und seit meine Stiftung gegründet wurde, habe ich überall Frauen und Männer gefunden, die auf mich zukamen, bereit, mir zu helfen.

Sie sind es, die mir die Kraft gegeben haben, zu reden, weil ich begriff, daß meine Stimme den Kreis der Einsamkeit öffnen konnte, in dem sie einmal eingeschlossen war, daß meine Stimme den Stein zerbrechen konnte, der sie niederdrückte. Ich hatte an sie geglaubt. Sie glauben an mich.

Man muß dem Menschen vertrauen.

Schon viele Male im Leben hatte ich einem anderen, manchmal nur durch einen Blick, alle meine Möglichkeiten preisgegeben. Es war richtig gewesen.

Ich habe wieder begonnen.

Als ich den Schriftsteller Max Gallo traf, mit dem ich bei meinem Lebensbericht zusammenarbeiten wollte, kannte ich ihn noch nicht. Doch ein paar Worte genügten, mir klarzumachen, daß ich durch ihn die anderen erreichen würde, daß es ihm gelingen werde, die einfachen Worte zu finden, in denen die Leser meinen Lebensbericht verstehen würden. Ich habe Monate lang jeden Tag mit ihm gesprochen. Sein Gesicht war mir unbeweglich zugewandt, nur die Hand glitt übers Papier.

Drittes Kapitel

Manchmal, wenn ich ihn verließ, packte mich Unruhe: »Das werden Sie doch begreiflich machen können?«

Es war schrecklich gewesen, und doch hatte ich Hoffnung behalten; die Angst und die Hoffnung, das mußte der Leser fühlen.

Wir drückten einander die Hand, und wenn er mir einige Tage später vorlas, was er geschrieben hatte, schien mir, als hörte ich meine eigene Stimme, die Sprache in ihrer richtigen Ordnung in einem getreuen Text. Dann wußte ich, daß dies Buch, wenn es veröffentlicht wurde, ein weiterer Schritt den anderen entgegen sein werde. Daß zwischen den Lesern und mir das gleiche Band wie zwischen Max Gallo und mir entstehen mußte. Daß dieses Buch, mein Lebensbericht, nicht nur ein Buch unter vielen sein werde, sondern daß es mir half, Männern und Frauen zu begegnen und wir, die einen wie die anderen, nicht mehr allein sein würden.

Als das Buch erschien, wußte ich sofort, daß ich mich nicht getäuscht hatte. Ich hatte mit meinem Herzen gesprochen, Max Gallo mit dem seinen geschrieben, es war nicht möglich, daß die Leser nicht begriffen, was wir sagen wollten.

Damit der andere dich hört, damit er dir entgegenkommt, damit die Einsamkeit aufhört, muß man wahr sein, muß man waffenlos, mit der unsichtbaren Kraft der Brüderlichkeit vorwärtsgehen. Dann entsteht der Dialog.
Und das Zwiegespräch eines Menschen mit den anderen ist das Leben.

Ich erhielt Briefe von Lesern, Tausende von Briefen.

Und Max Gallo und ich wunderten uns. Er wie ich hatten uns nicht den weiten Widerhall vorgestellt, den eine Botschaft im Menschen weckt, wenn sie nicht den Haß verkündet.

Ich begann die Briefe zu lesen. Einige begannen mit den Worten: »Mein Freund, mein Bruder.« Ich erinnere mich an einen mit kindlicher Schrift: »Komm zu uns«, schrieb der dreizehnjährige Leser, »lieber Martin, komm, damit du Weihnachten nicht allein bist, wir haben ein kleines Chalet, du wirst dich wohl fühlen, du wirst nicht allein sein.«

Wie hätte ich es auch sein können, wenn mir jeder meiner Leser sein Vertrauen aussprach, wiederholte, daß ihm dieses Buch Trost und Mut gegeben habe, wenn mich jeder zum Schluß fragte: »Was kann ich für Sie tun?«

Ich bin durch die großen Städte gereist, Versammlungsräume und Bibliotheken füllten sich, ich sah Ergriffenheit in den Blicken. Ich wußte, daß ich verstanden worden war. Daß er unrecht hatte, mein Nachbar, dem ich erzählt hatte, daß ich ein Buch schreiben und eine Stiftung gründen wollte. Er hatte den Kopf geschüttelt:

»Die Leute werden sich das Schlimmste dabei denken«, sagte er. »Sie sind von Haus aus übelwollend, sie werden sagen, daß Sie einfach nur berühmt werden oder vielleicht Geld verdienen wollen. So sind die Leute. Reisen Sie doch, vergessen Sie, reden Sie nicht von dem allen, ändern Sie Ihr Leben. Von den anderen wird man doch nur enttäuscht.«

Wer von Anfang an mit der Feindseligkeit der anderen rechnet, ist allein.

Drittes Kapitel

Ich war es nicht.

In Lausanne habe ich einen Nachmittag lang in einem großen Kaufhaus mein Buch signiert. Eine Frau nach der anderen trat an mich heran, sie drückten mir die Hand, sie baten, zu ihnen zu sprechen. Und obwohl es nicht vorgesehen war, habe ich abends in einem Hotel in der Stadt mit Max Gallo zusammen einen Empfang veranstaltet.

Der kleine Saal war schlecht beleuchtet, ich stand an einen Tisch gelehnt. Ich hatte den Eindruck, nicht die Worte zu finden, die ich brauchen mußte, aber ich versuchte, das auszusprechen, was in mir war. Ich war zu Ende, und man stellte mir Fragen. Dann stand einer auf und sagte:

»Ich möchte, daß wir alle heute abend eine Minute Schweigen bewahren zum Gedächtnis aller, die in dem Feuersturm verschwunden sind, zum Gedächtnis aller, die Martin Gray geliebt hat.«

In diesem Saal waren wir nicht wie Steine in einem Haufen, die einander nicht kennen, wir waren wie die Zweige eines einzigen Baumes. Und wir litten gemeinsam, und wir erinnerten uns der Zweige, die der Sturm abgerissen hatte.

Man muß lernen, den Schmerz der anderen zu teilen. Dann werden sie uns auch an ihren Freuden teilhaben lassen. Und man spürt keine Einsamkeit mehr.

Und Madame Vincent. Sie kam in das Büro der Stiftung, eine kleine Frau mit verschlossenem Gesicht, schwarz gekleidet, ihre Tasche vor sich haltend.

»Ich möchte irgend etwas tun«, antwortete sie, »freiwillig.« Sie erklärte nichts, sie begnügte sich, da zu stehen, vor meinen Mitarbeitern und mir, der ich keine Sekretärin brauchte, aber zögerte, sie abzuweisen.

»Ich kann irgend etwas tun«, sagte sie.

Ich nahm ihr Angebot an. Sie kam täglich und regelmäßig und immer als erste, setzte sich in eine Ecke des Büros, kopierte Adressen, schweigend und gesammelt. Ich erfuhr endlich, daß sie gesehen hatte – gesehen –, wie der Wagen, in dem ihr Mann und ihr Sohn saßen, Feuer fing. Ihr Mann war tot. Der Sohn lag ohne Bewußtsein im Krankenhaus. Es bestand keine Hoffnung, daß er überlebte. Sie konnte ihn nicht einmal besuchen. Doch sie kam zur Stiftung, um anderen zu helfen und aus ihrem Unglück herauszutreten.

Anderen helfen ist immer noch die beste Art, sich selbst zu helfen.

Eines Abends, als ich das Büro verlassen wollte, sah ich Madame Vincent allein am Tisch sitzen, das Kinn in die Hände gestützt. Tränen liefen ihr über das Gesicht.

»Was ist?« Sie antwortete nicht, machte nur eine verneinende Kopfbewegung.

»Kommen Sie, wir gehen.«

»Ich glaube, er ist verloren«, sagte sie.

Sie hatte mit dem Krankenhaus telefoniert. Man hatte ihr kaum Hoffnung gelassen, daß ihr Sohn überleben werde.

»Aber nein doch, aber nein...«

Ich versuchte, es mir einzureden, um sie überzeugen zu können.

Drittes Kapitel

»Ich gehe jetzt«, sagte sie.

Sie stand auf, nahm mit langsamen Bewegungen Mantel und Tasche. Sie sagte: »Ich dürfte mich nicht vor Ihnen gehen lassen. Sie haben viel mehr Ursache als ich, verzweifelt zu sein, und haben doch so viel Mut.«

Ich habe sie nach Hause gebracht. Wir sprachen ein bißchen, mal sie, mal ich, wir kamen nach und nach aus unserem eigenen Unglück hervor, wir erinnerten uns an die anderen, an das Leben. Sie hörte mir zu, ich hörte ihr zu.

»Gott«, sagte sie, »ich glaubte an Gott. Jetzt weiß ich es nicht mehr, nach dem, was ich gesehen habe, was ich aber nicht verdient habe; oder besser so: Wenn ich eine Sünde begangen habe – warum mein Mann, mein Sohn? Warum er? So jung, unschuldig – und Gott? Sagen Sie mir...«

»Ich weiß es nicht.«

Gott, das war auch eine meiner Fragen. Viele fanden in ihm, durch ihn den Frieden. Sie waren nicht mehr allein. Sie sprachen zu ihm, und sogar sein Schweigen war für sie eine Antwort. Für mich ging es darum, und es genügte mir, zunächst auf die anderen zuzugehen, die lebendigen Menschen, und sie zu achten und ihnen zu helfen, ob sie gläubig waren oder nicht. Als wären sie alle, jeder, ein Geschöpf Gottes.

Vor ihrem Haus drückte mir Madame Vincent kräftig die Hand.

»Ich wollte mich umbringen, heute abend«, sagte sie.

Ich packte sie an der Schulter.

»Sie sind verrückt.«

Sie lächelte mich traurig an.

»Manchmal glaube ich, daß ich verrückt werde, wenn ich an das denke, was mir zugestoßen ist, was ich mitangesehen habe. Also warum nicht sterben?«

Ich hielt noch immer ihre Schulter, ich fühlte, wie sie zitterte.

»Und jetzt? Sie werden doch nicht...?«

»Das ist vorbei«, sagte sie. »Es geht mir besser, ich glaube, ich kann einschlafen.«

Zuweilen genügt ein Wort, ein Blick, das Unabänderliche zu verhindern. Oder es hervorzurufen. Man muß sehr aufmerksam auf die anderen achten. Auf ihren schweigenden Anruf.
Du mußt dir immer vorstellen, daß ein anderer dich unbedingt braucht, damit die Einsamkeit zerrissen wird, die ihn einschnürt.

Madame Vincent kam am nächsten Morgen wieder und alle folgenden Tage. Dann mußte ich für Wochen ins Ausland reisen. Als ich nach der Rückkehr das Büro der Stiftung aufsuchte, saß Madame Vincent an ihrem Platz. Sobald sie mich sah, sprang sie auf und stürzte auf mich zu.

»Monsieur Gray, er wird wieder gesund.« In der voraufgegangenen Woche war ihr Sohn aus der Bewußtlosigkeit erwacht. Man würde ihn heilen. Er würde nicht erblinden, wie man gefürchtet hatte.

Ich habe sie umarmt, ihre Freude drang in mich ein, wurde zu meiner Freude, die ich gerade an diesem Tag notwendig brauchte, um gegen die Traurigkeit anzukämpfen, die mich bei der Rückkehr nach Paris befallen

Drittes Kapitel

hatte, in diese Stadt, die ich so oft mit Dina, meiner Frau, besucht hatte.

»Dank Ihnen«, sagte Madame Vincent, »dank Ihnen. Erinnern Sie sich, an dem Abend, als Sie mich heimbrachten, haben Sie so gut zu mir gesprochen. Ich weiß nicht, was ich ohne Sie getan hätte, vielleicht...«

Ihre Freude schützt mich vor meinem Schmerz.

Wer gibt, empfängt.

Ich verließ Paris, um einige Tage später mein Haus in Les Barons aufzusuchen. Im Auto gaben mir die Konzentration, die ich aufbringen mußte, und das Schalten und Steuern Widerstandskraft gegen die schmerzlichen Erinnerungen, die mich befielen. Da nichts so einfach ist, wie man es ausspricht, geschah es oft trotz der Stiftung, trotz den Leserbriefen, daß ich mich einsam fühlte. Wie Madame Vincent mußte ich gegen die Verzweiflung ankämpfen und war nicht sicher, daß ich siegen würde.

An der Auffahrt zur Autobahn standen junge Leute; sie hielten Pappschilder hoch, auf die sie den Namen der Städte im Süden gemalt hatten. Etwas für sich saß ein junges Paar, sie hatte langes blondes Haar und eine Art grüne Strickdecke um die Schultern gelegt, er hatte krauses Haar, das auf die Schultern fiel, eine Gitarre im Arm. Ich hielt an. Warum sie nicht einsteigen lassen? Wie oft bin ich in den großen Städten ganzen Rudeln junger Leute am Straßenrand begegnet, alle in der Uniform der Jugend, schmutzigen, ausgefallenen Kleidungsstücken.

Mit Dina hatte ich in den Bergdörfern nach einem jungen Mann gesucht, dem Sohn von Freunden, der verschwunden war und nur eine Nachricht hinterlassen hatte: »Ich gehe auf der Straße zum Leben in die Freiheit.« Zufällig fanden wir ihn, nahe der Grenze, er saß auf einem Bordstein. Es war wie ein Wunder.

Ich hatte versucht, ihn auszufragen. Er blieb verschlossen, schweigend, sah mich nicht an, antwortete manchmal mit einem Fluch. Als wir ihn seinen Eltern übergaben, begrüßte er sie kaum. Seine Mutter weinte und wiederholte immer nur: »Warum denn? Warum...?« Der Junge ging sofort in sein Zimmer.

Vom Rand der Autobahn kamen die beiden jungen Leute auf meinen Wagen zu. Ich öffnete die hintere Tür, sie machten es sich bequem. Der junge Mann hielt seine Gitarre auf den Knien, das junge Mädchen nahm die grüne Decke von den Schultern.

Ich fuhr weiter und sah sie im Rückspiegel. Waren auch sie, wie der Sohn meiner Freunde, auf der Flucht? Sie hatten mir nicht einmal gedankt. Vielleicht warteten Sie höflich darauf, daß ich ein Gespräch beginnen sollte, aber ich hatte kein Verlangen danach, ich wollte nachdenken, sie beobachten, in ihren Gesichtern diese Krankheiten lesen, die ich in den Städten gesehen hatte: Unglück und Einsamkeit der Jugend. Es waren schwere Krankheiten.

Denn die Einsamkeit ist die Mutter von Gewalt und Verzweiflung.

Ich erinnerte mich an meine Verwunderung über das, was ich in bestimmten Vierteln der Hauptstädte gesehen hatte. Die jungen an Hauswände gelehnten Leute, Hände in den Taschen, diese Jungen, die untätig auf dem Gehsteig saßen oder wie junge Hunde hinter Bällen und Konservendosen herjagten. Sie waren der Stadt überlassen. Beute ihrer Einsamkeit. Und daß sie sich zusammenfanden, änderte nichts: Sie waren in einer Gruppe, aber jeder in der Gruppe blieb für sich allein. Die Eltern im Büro, die älteren Geschwister zur Arbeit, und die Jüngsten streiften umher, verloren in den schmutzigen Straßen der allzu großen Städte.

Meine Jugend unter den Gesetzen von Krieg, Hunger und Tod kam mir in gewisser Weise weniger verzweifelt vor als die ihre. Ich wußte, wogegen ich zu kämpfen hatte. Ich wußte, wer meine Verbündeten waren. Und ich wußte auch, wofür ich kämpfen sollte: Damit mein Volk überlebte und gerächt wurde. So gab es in meinem Unglück einen Polarstern, nach dem ich steuern konnte.

Denn derjenige, den ein Ideal beseelt, derjenige, der an einem großen gemeinsamen Unternehmen teilnimmt, der ist nicht allein.

Aber sie, die Heranwachsenden in den Städten der Friedenszeit, dieser junge Mann, der seine Gitarre festhielt, das junge Mädchen, das die Stirn gegen das Autofenster lehnte, welchen Anreiz hatten sie, um Menschen zu werden? Zu leben? Manchmal, wenn ich diese Heranwachsenden durch die Straßen irren, ausgestreckt auf den Stränden oder Seite an Seite sitzen sah, erinnerten sie mich an verstörte Bienen, die keinen Ausweg finden konnten, die gegen die Wandung eines Glasgefäßes stießen, oder sie waren wie Steine, die jemand schleudert und die dann ein Stückchen weiterrollen, bevor sie unbeweglich liegenbleiben.

Ganz gewiß ist Frieden besser als Krieg. Denn im Krieg wird die Jugend zermalmt, gemartert. Aber lebten sie im Frieden, diese Heranwachsenden, oder in einem ebenso erbarmungslosen Krieg in ihrem eigenen Innern? Ein Krieg, den sie nicht wahrnahmen, doch der sie zwang, etwas zu tun, die Familie zu verlassen, sich mit Drogen zu vergiften, gewalttätig zu werden? Jeder von ihnen war, ohne es zu wissen, Henker und Opfer seines Ich.

Beim einsamen Menschen richtet sich die Gewalttätigkeit zuerst gegen ihn selbst.

Sie waren allein, die jungen Leute von heute, zu oft allein. In der eingeschlossenen Stadt, die ich im Krieg erlebt hatte, war ich nicht so allein gewesen wie sie. Denn selbst wenn viele von uns in dieser unterdrückten Stadt nur an sich selbst dachten, wußte ich doch, daß wir einem gemeinsamen Schicksal ausgeliefert waren. Daß ich ein Teil eines Ganzen war.

Sie, diese Jungen, eingeschlossen in ihren düsteren Straßen, sie, die in eine eiserne Welt hineingeboren wurden, in der jeder Mensch allein in der vernickelten Karosserie seines Wagens ist, wie konnten sie denn das Gefühl haben, zu einem Ganzen zu gehören? Sie versuchten, Gemeinschaft zu schaffen:

Sie sammelten sich, sie sangen zusammen, sie tanzten, sie nahmen gemeinsam Drogen. Aber wie hätten ihnen diese äußerlichen Gruppierungen, die Treffen, genügen können!

Drittes Kapitel

Man hört nicht auf, allein zu sein, weil man sich versammelt. Man bleibt allein, wenn man nicht an einem großen gemeinsamen Werk teilnimmt.

»Was wollen Sie da unten machen?« fragte ich meine Fahrgäste. Das junge Mädchen hob die Schultern, der junge Mann lachte. »Dasselbe wie hier, nichts! Aber da ist Sonne, da wird man wieder warm.« Er legte dem jungen Mädchen den Arm um die Schultern, aber sie rückte beiseite, als wolle sie Berührung vermeiden. Nun also. Sie flohen aus der Einsamkeit in flüchtige, zerbrechliche gegenseitige Bindungen. Aber damit war gar nichts gelöst.

Man muß zuerst die Einsamkeit, die man in sich trägt, selbst besiegen wollen.

Meine Fahrgäste haben während der Fahrt nur ein paar Worte miteinander gewechselt. Sie erinnerten mich an Paare, die es müde sind, ein Paar zu sein, ein Mann und eine Frau ihr Leben lang Seite an Seite und jeder in sich verschlossen. Diese hier waren jung, aber sie benahmen sich wie abgebrühte, blasierte Erwachsene.
Am Ende der Autobahn stiegen sie aus. Ich sah ihnen nach, er trug die Gitarre am Griffende, sie legte sich wieder die grüne Wolldecke um.

Damit zwei Menschen einander begegnen, damit einer den anderen aus der Einsamkeit löst, müssen beide eine gemeinsame Zukunft haben.

Um mein Haus in Les Barons zu erreichen, mußte ich nach der Autobahn einem schmalen Weg folgen, der die

Flanke des Berges erklomm und dann durch den zu Asche gewordenen Wald führte, in dessen Brand die Meinen umgekommen waren. Die Kinder des Dorfes – dort, am Rand des Weges, wo Dina zu fliehen versucht hatte, da, wo der von Rauch eingehüllte Wagen den Abhang hinuntergeglitten war, da hatten die Kinder, die Gefährten der meinen, einen Gedenkstein errichtet mit den Namen meiner Söhne und meiner Töchter.

Ich fuhr langsamer, dann hielt ich wie immer hier an, näherte mich dem Hang, fasziniert von den Baumstümpfen, von denen einige bereits wieder mit grünem Moos bedeckt waren: Leben setzte sich fort, stärker als das Feuer. Ich habe mich hingesetzt. Vor mir die kleinen Täler, diese steinigen Böschungen, diese verwüstete Natur. Fern, an der Autobahn, die ersten Villen, die Stadt an der Küste.

Man hatte die Ursache des Brandes nicht feststellen können. Unvorsichtigkeit eines Rauchers? Eines Zeltenden? Vielleicht ein elektrischer Funke von einer der Starkstromleitungen, die von Hügel zu Hügel gespannt waren und die Gipfel der Bäume streiften? Oder vielleicht die Sonne, die auf einer zum Brennglas gewordenen Glasscherbe spielte? Dann das Feuer auf der ausgedörrten Erde nach einer langen Jahreszeit ohne Regen, und dann der Wind. Ich betrachtete die gemarterte Natur. Und anderswo, an der ganzen Autobahn entlang, gab es diese von Menschen geschlagenen offenen Wunden. Durchschnittene Hügel, Wiesen, Bäume, bedeckt von weißem Staub aus dem Schornstein einer Fabrik. Bald hinter Paris hatte ich auf einem Parkplatz mitten im Wald gehalten und einen kleinen Weg betreten, und ich entdeckte diesen Abfall, Flaschen, Konservenbüchsen, Papier, Kisten aus Holz und aus Pappe, die Spuren, die der Mensch hinterließ. Diesen Schaden, den er der Natur antut.

Und hier, vor mir, die versengte Erde, die zersprungenen schwarzen Steine. Dieses Feuer, das, wie auch immer, der Mensch verursacht hatte.

Warum all dieser Schaden? Diese Unordnung, die der Mensch in die Natur einführt, verwüstend, verstümmelnd, ohne sich klarzumachen, daß eines Tages das Übel wie ein Bumerang auf ihn zurückstürzen wird?

Der Mensch lebt nicht allein auf der Oberfläche der Erde. Er ist nur ein Teil der Natur. Und wenn er sie zerstört, wird er sich allein gelassen finden wie in einer Wüste.

Als ich das Haus in Les Barons gekauft hatte, bin ich mit einem alten Bauern über die Hügel gegangen, die mein Grundstück umgeben.

Er kam, gebeugt, die Hände auf den Hüften, einen Strohhut mit zerschlissenem Rand so tief ins Gesicht gezogen, daß seine von einem ganzen Leben in der Sonne rotverbrannte Haut verdeckt wurde.

»Sehen Sie«, sagte er, »hier wurde Weizen angebaut.«

Er zeigte mir die schmalen Äcker, die wie Stufen einer Treppe den Abhang querstreiften.

»Und heute: Steine. Da vorn, das war gute Erde, und dann hat man angefangen, die Bäume zu fällen, und dann haben die Regengüsse das Erdreich weggeschwemmt, und jetzt...« Er bückte sich und hob eine Handvoll scharfkantiger Kiesel auf.

»Das bleibt übrig«, sagte er.

Damals, es ist über zehn Jahre her, war ich anders als heute. Ich antwortete dem Bauern, daß die Arbeit auf abgelegenen Hügeln erschöpfend sei, daß man Weizen auf großen Flächen anbaute, durch die Maschinen fuhren wie Schiffe über das Meer. Der alte Bauer hob die Schultern.

»Sie begreifen nicht, Monsieur Gray, es geht nicht um die Arbeit. Dieser Weizen, das ist, als ob man der Erde ein Kind machte. Man achtet ihn. Die Erde, das ist die Mutter. Heute hält man sich für schlau, und Sie sehen, die Erde ist tot, nur noch Steine...«

Damals lachte ich. Mir schien, daß der Mensch die schwer zu bestellenden Gebiete aufgeben, daß er auf die schwere Feldarbeit verzichten sollte, ich stellte mir vor, daß eines Tages die Maschinen alles machen könnten.

Ich selbst hatte mich für die Natur entschieden, die Stadt verlassen, aber darin sah ich nur eine persönliche Entscheidung. Und wenn ich die Natur auch liebte, so erfaßte ich doch nicht ihre Bedeutung. Ich liebte sie vor allem als angenehme Umgebung, den Augen freundlicher als die grauen Fassaden der Großstädte.

Und dann habe ich in Les Barons gewohnt. Ich habe Pfirsichbäume gepflanzt und mit meinen Kindern die schweren Früchte gepflückt, habe in das süße Fruchtfleisch gebissen, bin barfuß durchs hohe Gras gegangen, bin mit meinen Kindern auf die Bäume geklettert, bin gelaufen, wir haben in der Sonne geschlafen. Ich habe begriffen, daß die Natur kein Schmuck ist. Ich habe sie ge-

Drittes Kapitel

liebt wie ein lebendiges Wesen mit wechselndem Gesicht. Und als das Feuer kam und die Meinen starben, als ich die Nächte hindurch zwischen den noch qualmenden Stuben ging, als ich rußig wurde an verkohlten Zweigen, da habe ich klar erkannt, daß ich die Einheit des Menschen mit der Natur erlebt hatte und die Trauer des Menschen in zerstörter Natur.

Wenn sich der Mensch allein fühlt, wenn Beklemmung und Angst in ihm sind, dann hat er seine Verbindung mit der Natur zerschnitten.

Doch die Einheit kann glücklich sein. Ich habe es zehn Jahre hindurch mit den Meinen erlebt. In der Harmonie der Sonnenuntergänge über dem Meer, im Gesang der Vögel, der uns alle Morgen weckte. Dann ging ich hinaus, lief mit bloßen Füßen über den taufeuchten Rasen.

Seit dem Feuer sind die Vögel von den Hügeln verschwunden. Ich habe den toten Wald gesehen. Ich habe an all die Gebiete der Erde gedacht, die zu Staubflächen geworden sind. Dort, wo sich die Wiesen erstreckten, hat der Mensch kleine graue Erhebungen aus unfruchtbarer Erde entstehen lassen, die der Wind aufwirbelt. Deshalb, für diese verwüstete Natur, habe ich die Stiftung gegründet, damit die Umwelt des Menschen erhalten bleibt und geschützt wird. Nicht für die Natur allein, auch nicht nur für den Menschen, sondern für beide, die zusammen das Ganze bilden.

Der Mensch und die Natur bilden ein Ganzes, das lebt, aber sterben kann.

Der Stein oder der einsame Mensch

Voneinander getrennt, wird jedes zu unfruchtbarem Stein.
Und wenn der Mensch die Natur nicht kennt
oder sie vernichtet,
kennt er auch sich nicht und zerstört sich selbst.

Jetzt erkenne ich auch eine der Ursachen für meine Beklemmung, wenn ich, als ich in den großen Städten lebte, von einer Hauptstadt zur anderen reiste, um meine Geschäfte abzuwickeln: Ich fand nicht die Zeit, zur Natur zurückzukehren. Sicherlich hatte meine Angst auch andere Ursachen: Ich zweifelte daran, eines Tages die Frau zu finden, die ich lieben und die zur einzigen Gefährtin meines Lebens werden würde. Vor allem aber war um mich her dieses Gefängnis, diese Weltstadt. Und ich erstickte in ihr. Nirgends die Ruhe eines weiten Graslandes, nirgends Gras, das sich unter der Brise duckt, die Malvenfarben einer Dämmerung, die sich hinter den Bäumen verliert, die Geräusche, die nach und nach mit dem Tageslicht verschwinden. Nichts von allem gab es dort, was hier in Les Barons ist, in diesem jetzt so tragischen Umkreis, dem vernichteten Wald gegenüber, in dem die Meinen umgekommen sind; hier ist es noch, und es bringt mir Frieden, trotz allem, trotz der Vergangenheit und der verwüsteten Natur. Die Stadt war Lärm, ätzende Luft, Menschenmengen mit Gesichtern hinter Masken. Aggression, Müdigkeit, die einem nicht einmal bewußt werden, weil sie zum tauben Gestein des Lebens geworden sind. Jetzt kann ich vergleichen und begreifen, wie sehr die Stadt ein Dschungel ist, in dem jeder allein bleibt. Als ich, ein junger Einwanderer, die Treppen der großen Gebäude in der Bronx hochkletterte, hatte ich erstaunt die Angst in den Augen entdeckt, wenn sich eine Tür öffnete. Manchmal mußte ich den Fuß in die Türöffnung klemmen, damit sie nicht sofort wieder verschlossen wurde.

Die Angst, die Einsamkeit, als ob jeder Unbekannte ein Feind sein könnte.

Da ist die allzu große Stadt, da sind die Gesetze für diese Ansammlung von Millionen Menschen, denen es unmöglich ist, einander zu kennen.

Der Mensch ist nie so allein wie inmitten der Masse.

Ich erinnere mich an den Clochard, den ich bei jeder Reise nach Paris wiedertraf, er lag auf dem Gitter eines Entlüftungsschachts der Metro. Ich kam von New York oder Berlin, von London oder Rom, und er saß hingekauert in seinem schwarzen Mantel, als habe er sich eine Woche lang nicht bewegt. Und hatte er sich bewegt? Ich ging nah an ihm vorbei, und Tausende anderer streiften ihn bei ihrem eiligen Gang.

Sah man ihn? Wußte man, daß es sich um einen Menschen handelte?

Ich konnte nicht die Erinnerung an andere hingestreckte Gestalten abweisen, an Tausende, die ich in meiner ausgehungerten Stadt gesehen hatte, ausgemergelte Gestalten im Krieg. Jetzt herrschte Frieden, aber es gab noch immer Männer und Frauen, die verlassen auf den Gehsteigen der Hauptstadt lagen. Oft waren es Alte, Übriggebliebene, die das Leben, das Unglück, der Zufall inmitten der Gleichgültigkeit sterben ließen.

Die schlimmste Einsamkeit entsteht durch die Gleichgültigkeit der anderen. Und jeder kann eines Tages Opfer der Gleichgültigkeit werden und daran leiden. Also warum nicht dem die Hand entgegenstrecken, der allein ist?

Ich weiß, es fehlt die Zeit. Auch ich bin an dem hingestreckten Clochard nahe vorbeigegangen, ohne mich mehr als einen flüchtigen Blick lang um ihn zu kümmern, festzustellen, daß er noch da war, daß ihn der Schnee nach und nach bedeckte, daß er zweifellos betrunken war. Dann ging ich meiner Wege, ich hatte meine Geschäfte wahrzunehmen.

Heute frage ich mich, ob diese Männer, diese Frauen, Unglückliche, Einsame, denen man begegnet, diese Alten, die man in eisigen Wohnungen vergißt, wo aber die Kälte ihrer Einsamkeit am eisigsten ist – ob sie alle nicht Warnungen sind, Bilder dessen, was wir nicht vergessen dürfen, dessen, was aus uns werden kann.

Niemand weiß, ob er nicht eines Tages ein einsamer Mensch sein wird.

Aber warum daran denken?

Ich war von meinen Geschäften beschlagnahmt, dann kam die Begegnung mit Dina, dann die Kinder. Mein Glück hat mich vielleicht blind gemacht. Ich habe vergessen, daß es nur flüchtig sein konnte. Aber wie sollte ich mir denn auch vorstellen, daß alles, was ich aufgebaut hatte, an einem einzigen Tag vernichtet werden konnte? Seit ich aufs neue allein bin, weiß ich besser, daß das Leben voller Erschütterungen ist. Daß niemand sagen kann, er werde dem Unglück, allein zu sein, entgehen.

Drittes Kapitel

Die Einsamkeit ist ein Spiegel:
Man entdeckt sich darin, wie man war, wie man ist.
Einsamkeit ist eine Schicksalsprüfung.
Nur derjenige, der die Quelle in sich selbst
nicht vergeudet,
kann als Sieger aus dem Kampf hervorgehen.
Die Einsamkeit enthüllt den wahren Menschen.

Zuweilen muß man sie suchen, es ist notwendig, unvermeidlich. Als ich aus dem Vernichtungslager geflohen war, als ich auf den Straßen, in den noch verschonten Städten meine Brüder traf, Männer und Frauen meines Volkes, als ich ihnen zu sagen versuchte, was ich gesehen hatte, was noch kommen werde, als ich sie davon zu überzeugen suchte, daß wir kämpfen müßten, bin ich nicht verstanden worden. Man hat mich als Narren mit dem Überschwang der Jugend hingestellt.

Und ich blieb mit meinem Wissen allein.

Wer weiß, ist oft allein. Doch diese Einsamkeit ist der
Preis, den er für sein Wissen zahlen muß.
Und er muß es hocherhobenen Kopfes und festen Herzens
hinnehmen.

Ich habe mich zurückgezogen, nachdem ich alles versucht hatte, um die Meinen vor der Barbarei zu warnen, die sich auf sie stürzen würde; es wurde mir schwer, sie zu verlassen, sie ihrer getrosten Unwissenheit zu überlassen. Was sollte ich tun – mit ihnen sterben oder allein zu fliehen versuchen, um für sie zu kämpfen?

Man muß manchmal die Einsamkeit wählen,

*wenn sie der einzige Weg ist,
sich selbst und den anderen treu zu bleiben.*

Ich habe sie oft gewählt.

Vielleicht deshalb bin ich heute, wieder allein, imstande, weiterzuleben. Denn ich weiß auch, weil ich es selbst erlebt habe, daß es Liebe gibt. Daß die Einsamkeit aufhören kann.

Und daß die Liebe endlich einen steinübersäten Boden in lebendige, fruchtbare Erde verwandeln kann.

Die Liebe

Hinter der Mauer meiner Terrasse bin ich vor Blicken geschützt. Dina und ich wollten uns zurückziehen können, nur den Himmel sehen, wenn wir uns auf dem von der Sonne heißen Zement ausstreckten.

Unsere Kinder schliefen zur heißesten Tageszeit, wir streckten uns Seite an Seite aus. Stille, Grillen, manchmal der Wind in den nahen Bäumen. Sonst nichts.

Oft besuchten uns Freunde. Sie kamen aus New York oder Paris, sie begeisterten sich für die Landschaft, die Stille, und wenn einer von ihnen an die Mauer kam, schüttelte er manchmal den Kopf: »Aber ihr seid hier doch ganz allein. Langweilt ihr euch nicht?«

Dina und ich lächelten. Was war das – Langeweile?

Der andere, den man liebt,
ist ein Universum, das man niemals ganz erkundet.
Er ist das Wasser, das den Durst stillt,
er ist der Durst, der den Wunsch zu trinken weckt.

Ich verstand den Mann oder die Frau, die sich vor der Stille fürchteten, die Angst hatten, die Stadt zu verlassen, Angst, sich Auge in Auge mit einem anderen zu befinden, den sie nicht oder nicht mehr oder nicht genug liebten. Ich hatte die Angst selbst erfahren. Und doch lebte ich damals mit Margaret zusammen. Zwischen uns gab es Zuneigung, Freundschaft. Aber jeder von uns wußte, daß es nicht Liebe war. Ich behielt immer die Hoffnung, daß eines Tages in meinem Innern etwas aufstrahlen werde, wenn ich der Frau begegnete, von der ich im ersten Augenblick wissen würde, daß ich immer mit ihr zusammen-

leben wollte. Eine Frau, die mir inneren Frieden und
Freude geben würde. Und ich war nicht der einzige, der in
dieser Hoffnung lebte. Hat sie nicht jeder in sich?

*Jeder von uns erwartet die Liebe. Man muß auf die Liebe
hoffen. Denn die Gedanken öffnen den Weg.*

Ich gab mich nicht zufrieden mit einer Vereinigung
ohne Liebe, mit einer nur auf vernünftigen Gründen be-
ruhenden Verbindung. Und wer kann sich zufriedenge-
ben? Später, in meinem Haus in Les Barons, wo mich
meine Freunde besuchten, fiel es mir leicht, die zu entdecken, denen die Liebe gefehlt hatte, diejenigen, die
darauf verzichtet hatten. Da gab es Marthe, die Dina in
New York gekannt hatte, die verheiratete Marthe, deren
beide Söhne mittlerweile mit ihren Frauen in Städten an
der Westküste der Vereinigten Staaten lebten. Marthe,
die sich mit siebenundvierzig Jahren mit ihrem Mann allein fand. Die Jahre waren vergangen, ihre Tage waren
von den Kindern erfüllt gewesen, heute war sie wie gelähmt angesichts des Weges, den sie noch mit Jack zu-
rücklegen mußte, ihrem Mann, den sie in den vergange-
nen Jahren kaum bemerkt hatte und der jetzt der einzige
Mensch war, den sie in jeder Minute neben sich sah.

»Ich bin einsam«, sagte sie immer wieder zu Dina.

Sie ging mit ihr in die Küche, ich blieb mit Jack zurück.

»Marthe geht es nicht gut«, sagte er. »Die Kinder sind
weit weg, verheiratet, und dann – das Alter. Eine Frau –
für die ist es nicht leicht, zu altern.«

Ich begriff, daß zwischen ihnen nicht die Liebe herrschte, die Vertrauen gibt.

Liebe, das heißt dem anderen Sicherheit zu geben und sie von ihm zu erhalten.

Unterdes vertraute Marthe Dina ihre Ängste an, dieses Leben, dessen Vergänglichkeit sie früher nicht gesehen hatte.

»Wie kann es so weitergehen?« sagte sie. »Ich kann nicht mehr schlafen; du weißt nicht, wie das ist, diese Angst, eine schwere Kugel in der Brust.«

Dina und ich wußten es, weil wir beide lange gelebt hatten, ohne der Liebe zu begegnen. Aber sie wie ich hatten uns geweigert, unser Leben, unser ganzes Leben mit einem Gefährten aufzubauen, dem wir kaum mehr als Freundschaft entgegenbrachten. Wir hatten gehofft und geglaubt an die Möglichkeit der Liebe, und wir waren einander begegnet. Marthe hatte solche Gewißheit nicht in sich gehabt; sie hatte eines Tages, vielleicht weil sie jung war und weil der Zufall mitspielte, eingewilligt, Jack zu heiraten. Vielleicht, weil sie Angst vor dem Alleinsein hatte, vielleicht, weil sie sich früh die Zukunft absichern, einen Arm finden wollte, auf den sie sich stützen konnte, und vielleicht hatte sie zu gewinnen geglaubt. Diese Ruhe, diese Kinder, schöne Jahre, in denen sie sah, wie sie heranwuchsen. Aber jetzt kam die Rechnung.

Denn Leben ohne Liebe ist nichts.

Und sie liebte Jack nicht; Zärtlichkeit, gewiß, aber auch Groll gegen ihn, Vorwürfe, die sie an ihn richtete, als sei er verantwortlich für die Wahl, die sie getroffen hatte, für die Angst, die sie jetzt niederdrückte. Dina versuchte

Viertes Kapitel

ihr klarzumachen, daß da doch ihre beiden Kinder seien, daß ihr Leben dadurch einen Sinn hatte, daß auch Jack da war, der sie liebte. Marthe schüttelte den Kopf, schien nicht zu verstehen, als wäre ihr Leben nur eine Wüste gewesen, als wäre sie in Wahrheit immer nur allein gewesen.

Verzichtet man auf das Lieben und wählt man lieber das, was man für klug hält, vergißt man, daß Leben ein Werk der Liebe ist, dann kommt der Tag, an dem man entdeckt, daß man verloren hat. Das Leben läßt sich nur gewinnen, wenn man es liebt.

Jack und ich gingen fort, die Straße entlang, vor uns liefen meine Kinder, ab und zu hängte sich eines an meinen Arm, Charles nahm die Kinderhand, und wir schwenkten Nicole oder Charles zwischen uns. Das Kind lachte.

»Als Marthe ihre Söhne hatte«, sagte Jack, »war sie anders, aber was haben wir uns jetzt noch zu sagen? Natürlich, abends Fernsehen, Besuch bei Freunden. Vielleicht müßte Marthe eine Beschäftigung haben, die sie zerstreut.«

Jack fragte mich, als ob ich große Erfahrung hätte, dabei war er älter als ich. Was konnte ich antworten? Er warnte mich, daß der Augenblick unausbleiblich sei, wo unsere Kinder erwachsen wären und wir, Dina und ich, uns allein miteinander finden würden.

»Das ist der schwierige Augenblick. Niemand entkommt ihm«, sagte er. Ich war sicher, daß ich seine Beklemmungen nicht erleben, war sicher, daß Dina keine zweite Marthe werden würde. Wir hatten einander in Begeisterung erwählt. Mit einem einzigen Blick hatten wir verstanden, daß wir beide, einer für den anderen, die Freiheit, die Freude waren, daß einer Kraft für den anderen bedeutete.

Liebe ist niemals Zwang.
Sie ist Freude, Freiheit, Kraft.
Und die Liebe tötet die Angst.

Das wußte ich. Ich brauchte mich nur an die Zeit vor Dina zu erinnern, als ich allein durch New York irrte oder von einer Hauptstadt zur anderen reiste. Ich hatte Geld, Erfolg. Ich brauchte nur zu wollen, um eine Frau zu finden. Aber ich war allein, wahrhaft allein. Mit den Zufallsfreundinnen baute ich keine Zukunft auf. Mit ihnen erlebte ich die falschen Freuden.

Da, wo die Liebe fehlt, entstehen Angst und Langeweile.

Ja, ich hatte Angst. Angst, die Frau nicht zu finden, in der ich die Mutter erhoffter Kinder sehen konnte. Angst: Manchmal geriet ich in Versuchung, unvollkommene Lösungen einzugehen, doch dann lehnte sich etwas in mir dagegen auf. Ich ahnte, wie wichtig die Entscheidung ist, sein ganzes Leben mit einem anderen Menschen zu verbringen. Und trotz meiner Angst, manchmal auch Verzweiflung, bewahrte ich die Gewißheit, daß ich eines Tages der Liebe begegnen würde.

Die Liebe ist ein Gesetz der Anziehung.
Wenn man sich von dem Verlangen nach Liebe leiten läßt,
wenn man nicht vergißt,
daß sie das Leben ist, wird man ihr eines Tages begegnen.

Viertes Kapitel

Mindestens ein Mensch hat denselben Wunsch.
Für einen Menschen mindestens sind Sie unersetzlich.
Und er ist es für Sie.
Aber viele fürchten sich zu lieben.

Marthe, von der mir Dina am Abend erzählte, als die Kinder im Bett waren und wir Schulter an Schulter auf die Mauer unserer Terrasse gelehnt über die ferne Stadt blickten, auf die Schiffe, die über die Toppen mit Laternen geschmückt waren und vor Anker auf der Reede lagen – Marthe also war nicht nur verloren, weil sie Angst hatte, allein zu sein, sondern auch Angst zu lieben.

Die Liebe ist Hingerissenheit.
Die Liebe ist Begeisterung.
Die Liebe ist ein Wagnis.
Wer mit seinen Gefühlen geizt und sie zurückhalten will, liebt nicht und wird nicht geliebt.
Liebe ist Großmut. Liebe ist Verschwendung.
Doch die Liebe ist ein Austausch.
Wer viel gibt, empfängt auch viel.
Denn wir besitzen nur, was wir uns geben.

Und zuweilen braucht man Kühnheit. Eine Art Unmittelbarkeit, wie sie Kinder haben.

Die Liebe ist die Kraft der Kindheit im Erwachsenen.

Ich hörte, was Dina mir erzählte. Marthe hatte das alles verloren. Vielleicht auch nie gekannt. Ich hatte sie angesehen. Sie achtete sorgfältig auf ihr Äußeres, auf ihre Frisur. Sie unterbrach sich mitten im Satz, um in ihrer Tasche nach der Puderdose zu suchen, sie warf einen raschen Blick in den Spiegel, sie war auf sich selbst bezogen, zu vorsichtig, um sich wirklich hinzugeben, sich auch nur mit bloßem Kopf an einem windigen Tag hinauszuwagen.

»Meine Frisur ist dann hin«, sagte sie. »Ich bleibe hier im Haus.« Dina, Jack und ich versuchten sie zu überreden. Sie weigerte sich. »Ich bin gestern beim Friseur gewesen, Jack, und du weißt doch gut, daß wir morgen im Konsulat eingeladen sind.«

Sie hatte Angst vor dem Wind, Angst vor dem Wirbel, in dem die Liebe uns wegreißt, Angst, sich zu überlassen. Wie konnte sie dann etwas empfangen? Und woher stammte diese Angst? Vielleicht aus ihrer Erziehung, einer kümmerlichen Erziehung, in der die Großherzigkeit getötet, in der Mann und Frau zu berechnenden Menschen gemacht wurden. »Ich gebe dir dies, du gibst mir das.« Ein Buchhalter, der seinen Gewinn im Auge hat.

Doch wer die Liebe gewinnen will,
muß sich zuvor selbst geben, sich selbst einsetzen;
bereit sein, alles zu geben.

Und sie hatte sicherlich ebensowenig begriffen, daß dieses Gesetz der Liebe auch für die körperliche Liebe gilt. Zweifellos dachte sie nur an sich selbst. Und so in sich selbst eingeschlossen, konnte sie nichts empfangen, nichts entdecken.

Damit der Gleichklang der Körper entsteht, muß jeder schutzlos und vorbehaltlos dem anderen begegnen, an ihn denken. Dann findet er sich, findet den anderen und wird selbst gefunden.

Viertes Kapitel

Doch Marthe dachte vor allem an sich selbst. Manchmal war ich bei diesem Thema mit Dina nicht einig.

»Du bist ungerecht«, sagte Dina, »sie hat nur für ihre Kinder gelebt. Und sie kann sich einfach nicht daran gewöhnen, sie nicht mehr zu sehen, das ist alles, das Gegenteil von Selbstsucht.«

Ich widersprach. Es gibt viele Arten, selbstsüchtig zu sein, und Marthe schien nur für sich selbst zu leben, sogar die Liebe zu ihren Kindern war besitzergreifend. Ich hörte, wie sie ohne Ende von den Zeiten sprach, in denen ihre Söhne bei ihr lebten. »Jetzt gehören sie mir nicht mehr«, wiederholte sie ständig.

Doch Lieben heißt nicht, den anderen an sich zu fesseln; wer liebt, will, daß der andere sich entfaltet, dem natürlichen Lauf seines Lebens folgt. Lieben heißt, den anderen nicht zu behindern, zu beherrschen, sondern ihn auf seinem Weg zu begleiten, ihm zu helfen.
Die wahre Liebe ist das Gegenteil vom Willen zur Herrschaft.

Aber jetzt war Marthe habsüchtig aggressiv. Ich sah es oft an ihren zusammengepreßten Lippen, ihrem raschen, angespannten Blick, an der Art, wie sie sich einer Sache bemächtigte, und sei es eine Frucht, wie sie Dina beobachtete. Aus einem Blick, den sie Jack zuwarf, als er sich nach dem Essen gehenließ, die Beine ausstreckte, die Jacke öffnete, entspannt war, erriet ich den Zorn, der in ihr aufstieg, als sie ihn so ruhig, entspannt, heiter, ja glücklich sah. Sie lehnte sich dagegen mit einer kurzen, trockenen Bemerkung auf:

»Du bist so ungeniert«, sagte sie, ohne ihn anzusehen. Dina lachte. »Laß Jack doch, Marthe«, sagte sie.

Den anderen zu bejahen so, wie er ist.
Fröhlich zu sein über das Glück, das er empfindet.
Ihn als Ganzes zu lieben:
das Häßliche, das Schöne, die Fehler und die Vorzüge.
Das sind die Voraussetzungen für die Liebe,
für den Gleichklang.
Denn die Liebe ist die Tugend der Nachsicht,
der Verzeihung und der Achtung vor dem anderen.

Vielleicht war es für Marthe zu spät. Zu spät, um zu begreifen, daß sie selbst ihr einziger Peiniger war und immer gewesen war. Sie hatte sich in ihrem Mangel an Mut, an Kühnheit zu einer Ehe ohne Liebe verurteilt, und jetzt verdammte sie sich durch die Aufhäufung von Vorwürfen und Groll zu Einsamkeit und Bitterkeit. Und doch hätte sie noch mit Einsicht ihre Lage akzeptieren, ja ändern können.

Es gibt mehr als eine Art, zu zweit zu leben.
Tausend Wege führen zu Glück und Frieden.
Jeder kann seinen Weg finden, wenn er sich nur bemüht,
den anderen zu verstehen.
Und um ihn zu verstehen, muß er ihn im Blick haben,
muß sich vorstellen, er wäre an seiner Stelle.
Man muß aus sich hervorkommen, aus seinen Träumen,
die Wirklichkeit sehen, wie sie ist.

Tony gab sich keinen Täuschungen hin. Seit ich ihn kannte, lebte er allein. Er gehörte zu den Maurern, die ich

Viertes Kapitel

beim Bau der von Dina entworfenen Villa beschäftigte, ein Italiener mit schwerem, durchfurchtem Gesicht. Ein Schweigsamer, der von der Morgendämmerung an arbeitete, zuerst im Garten, dann auf der Baustelle. Er war seit einigen Jahren geschieden, nachdem ihn seine Frau verlassen hatte. Ich las den Kummer in seinen Augen, die Beharrlichkeit, mit der er sein Land umgrub oder Kies und Sand schaufelte. Oft lud ihn Dina ein, mit uns zu frühstücken. Er lächelte nur, wenn er die Kinder sah. Seine Frau hatte die einzige kleine Tochter mitgenommen. Doch er hegte gegen sie, die ihn zur Einsamkeit verurteilt hatte, keinen Groll, keinen Haß.

»Was wollen Sie machen«, sagte er, »wenn sie doch glaubte, es sei so besser für sie, was konnte ich machen? Sie im Haus einsperren? Sie wissen, man kann Liebe nicht mit Gewalt erzwingen.«

Ein oder zwei Mal im Monat sah er seine Tochter, und in den Tagen vor dem Besuch war er fröhlich, nach der Rückkehr verfiel er wieder in Schweigen, in seinen Kummer oder Zorn. Er lehnte sich nicht auf.

Weise ist, wer es zu erkennen und hinzunehmen versteht, daß ein anderer ihn nicht liebt und daß dennoch das Leben weitergeht, trotz der grausamen Feststellung.
Weise ist, wer erkannt hat, daß Liebe Austausch ist. Wenn sich der andere uns nicht öffnet, werden wir uns vor ihm verschließen. Der Schmerz ist doppelt: vergebens.
Die Liebe entsteht nicht aus dem Leiden dessen, der liebt. Vielleicht das Mitleid: Doch Mitleid ist das Gegenteil von Liebe.

Tony hatte es begriffen. Er hatte die Entscheidung seiner Frau, die Trennung, die Scheidung, die Einsamkeit hingenommen. Er war nicht glücklich, aber er hatte das Gefühl, richtig gehandelt zu haben.

Dann hatte ich eines Tages den Eindruck, daß sich Tony änderte. Er öffnete sich, er sprach mehr. Er begleitete mich bis an das Ende des Weges, der zur Baustelle führte, lehnte sich an einen Baum, sprach über den Fortgang der Arbeiten. Ich fragte ihn nicht, ich wußte, daß er begonnen hatte, eine junge Frau zu besuchen, die sich in einem kleinen Haus am Waldrand niedergelassen hatte. Monate vergingen. Tony hat geheiratet. Dann entschloß er sich, die Gegend zu verlassen, um in einer Stadt an der Küste zu leben.

»Wissen Sie«, sagte er an dem Tag, an dem er sich verabschiedete, »hier ist es nicht gut für mich, hier ist die Vergangenheit. Ich will sie nicht vergessen, aber es wird leichter werden, mit Emmanuelle anderswo zu leben.«

»Sind Sie glücklich?« fragte Dina.

Tony dachte nach. Er war kein Mann der raschen Antwort.

»Glücklich – ja, ich glaub es. Nicht so wie früher, es wird nicht wieder sein, wie es früher war, aber wissen Sie, ich hab mir nie vorgestellt, daß es ja verschiedene Arten gibt, glücklich zu sein. Ich glaube, wir werden glücklich, Emmanuelle und ich, sie hat auch schlimme Erfahrungen hinter sich, und nun wissen wir beide, wie man neu anfangen muß.«

Für jedes Paar gibt es einen besonderen Weg.

Viertes Kapitel

*Jedes Paar ist einmalig,
weil jeder einzigartig ist und aus der Begegnung
zweier Menschen ein einmaliges Ganzes entspringt.
Jeder kann den anderen finden,
mit dem er das Leben zu zweit aufnehmen
oder wiederbeginnen kann. Es kann hier kein Modell geben.
Jeder ist königlich.
Jeder ist ein Beginn.*

Tony hat uns nicht vergessen. Ein oder zwei Mal im Monat kam er, ohne sich anzumelden, manchmal allein, zuweilen mit Emmanuelle. Ich sah sie an, wie sie Seite an Seite dasaßen, sie, die nicht sehr hübsch war, gegen Tonys Schulter gelehnt, und ihn, der langsam sprach. Hörte sie ihm zu? Ich kannte das Gefühl, wenn Dina sprach, ich nicht wußte, was sie sagte, aber ganz eingehüllt war von der Süßigkeit ihrer Stimme. Für Emmanuelle mußte es dasselbe Gefühl von Frieden und Ruhe sein, von einem Gleichgewicht der Zeit, die unbewegt blieb. Und ich wußte, daß dieses Einverständnis nur aus der Entfaltung von Körper und Gefühl zugleich entstehen konnte. Ich habe vor Dina viele Frauen gekannt. Ich verbrachte ein paar Nächte, ein paar Monate mit ihnen. Die Zeit des Entdeckens brachte uns nichts ein als eine kurze, rasch erschöpfende Befriedigung, die mich noch einsamer zurückließ. Sogar mein Körper, den ich beruhigt glaubte, war gereizt, unbefriedigt.

Der Mensch ist nicht nur ein Körper. Die Liebe ist nicht nur die Begegnung zweier Körper.

Die Liebe

Lieben heißt Worte, Blicke, Hoffnung und Sorgen miteinander zu teilen. Wer die Liebe verstümmelt, wird sie nie kennenlernen. Sie ist unzerstörbar aus der Freude der Körper und der Vereinigung der Hoffnungen gemacht. Unzerstörbare Verbundenheit wie die der Zweige eines Baumes, die nur dank der gemeinsamen Wurzeln leben.

Eines Tages blieben Tony und Emmanuelle länger bei uns. Es war, ich erinnere mich gut, in der winterlichen Dämmerung, ein malvenfarbener Himmel über dem Meer.

»Und Sie?« fragte Dina. »Was erwarten Sie? Man braucht Kinder«, fügte sie in dem entschlossenen, fast autoritären Ton hinzu, den sie manchmal annahm.

»Siehst du«, hat Emmanuelle gesagt, »Madame Gray sagt es auch.«

»Warum, wollen Sie kein Kind, Tony?« hat Dina gefragt.

»Ich habe eine Tochter, ich weiß, wie das ist.«

Er senkte den Kopf.

»Ärger, Sorgen, und kann man die Zukunft voraussehen? Ich will aus einem Kind kein unglückliches Wesen werden sehen.«

»Und Emmanuelle?« fragte Dina weiter. »Denken Sie an Ihre Frau?«

Emmanuelle blieb stehen.

»Es ist nicht meinetwegen, Madame Gray.«

Tony war weitergegangen und drehte sich nicht um. Doch ich merkte, daß er wie ich zuhörte. Er hörte mit dem ganzen Körper zu.

Viertes Kapitel

»Es ist nicht meinetwegen, Madame Gray«, sagte Emmanuelle, »es ist für uns, für Tony und mich, ich bin sicher, daß ein Kind gut für uns wäre, für uns beide.«

Sie sprach mit Leidenschaft.

»Ich, für mich allein, ich würde es nicht brauchen, aber ich weiß, daß wir beide es brauchen.«

Was ist ein Baum ohne Früchte?
Was ist eine Liebe ohne Plan, ohne Zukunft?
Und das Kind ist die natürliche Zukunft eines Paares.
Das Gesicht des Kindes ist das Gesicht des Paares.
Doch zuweilen kann ein Baum keine Frucht tragen.
Dann sind andere Pläne notwendig.
Es ist notwendig, eine gemeinsame Zukunft zu entwerfen.
Denn die gemeinsam geplante Zukunft ist die Erde,
die ein Paar aufrecht, lebendig, einig erhält.

Dina und ich hatten sofort Kinder gewollt. Und ich bedaure es nicht, obwohl das Schicksal sie genommen hat, ich bedaure es nicht trotz der Wunde, die ich erhalten habe und die sich nie schließen wird.

Das Leben ist ein Ganzes.
Es gibt das Unglück, es gibt das Glück. Die Geburt und den Tod. Das eine ohne das andere zu wollen heißt das Leben zu verneinen. Wer nur das eine oder das andere sieht, ist blind und verstümmelt das Leben.

Ich begriff Emmanuelle, ich gab ihr recht gegen Tony. Ich hatte in mir das Gleichgewicht erlebt, das die Existenz von Kindern bildet. Sie bestätigen mit ihrem Geschrei, ihrem Lachen, ihrem Laufen den unerschöpflichen Plan, den ihre jungen, der Zukunft entgegengereckten Leben darstellten, sie sagten, daß die Zukunft vor ihnen lag und deshalb, ihretwegen, auch vor mir.

Ich weiß, daß ich in Treblinka, im Getto, für meinen Vater, für andere ältere Kameraden, die sich verloren wußten, die Gewißheit bildete, daß trotz den Henkern das Leben nach ihnen weiterging. Meine Söhne, meine Töchter waren für mich das kraftvolle Bild der Zukunft. Jetzt sind sie nicht mehr da, und diese Amputation wird mich immer schmerzen.

Ich verstand Emmanuelle.

Jeder von uns braucht das Wissen, daß es Zukunft gibt.
Jeder von uns hat das Bedürfnis, eine Spur
seines Wirkens unter den Menschen zu hinterlassen.
Es ist notwendig, daß jeder von uns das will:
seine Spur.
Denn es ist so, daß die Menschheit,
dieser Körper mit den unzähligen Gesichtern,
ihren Weg findet.
Und das Kind ist die Spur eines Mannes und einer Frau.

Aber ich hatte auch Freunde, die als ihre Spur ein Werk hinterlassen. Edward, der Bildhauer, der die Welt mit seinen Händen wieder erschafft, mitten zwischen Bäumen, große Formen aus Stahl, den er krümmt und biegt.

»Wie geht es dir?« hab ich ihn oft gefragt. »Dir und Liz – ohne Kinder.«

Er hob die Schultern, er lachte.

»Du bist ein Patriarch«, antwortete er. »Du willst mir deine Lösungen auferlegen, eine Familie. Dies hier ist sie.

Viertes Kapitel

meine Familie.« Er zeigte auf seine Figuren, die Bäume, den Himmel. »Warum sollte ich mich einschließen, meine Familie ist die Welt, sind die Bilder.«

Er überzeugte mich nicht. Aber ich wollte Edward und Liz nicht beunruhigen, wenn sie hier ihr Glück fanden.

Es gibt immer mehrere Wege für den Fluß, der zum Meere fließt. Aber er muß das Meer erreichen und darf nicht im Sand versickern. Es ist notwendig, daß ein Paar offen ist für die anderen, wenn es sich nicht verlieren will.
Ein Paar muß etwas schaffen:
Kinder oder ein Werk oder das Glück anderer.
Es ist notwendig, daß ein Paar seine Liebe verströmt.
Denn Liebe, die sich verschließt,
trocknet aus und stirbt wie eine Pflanze ohne Licht.
Die Kinder, die Werke, die anderen, die Welt:
Sie sind die Sonne und das Wasser,
welche die Liebe am Leben erhalten.

Oft sprach ich mit Dina abends, wenn die Kinder im Bett waren, von der Liebe der Paare, die wir kannten. Um uns her war so viel Schiffbruch – und auch wir beide hatten, bevor wir uns zusammenfanden, Bitterkeit und Scheitern erfahren –, daß wir manchmal den Eindruck hatten, wir, wir und unsere Kinder, seien eine Art Ausnahme. Ich hörte Dina gern sprechen, sie saß vor dem Flügel im großen Musiksaal. Ab und zu unterbrach sie sich und schlug ein paar Töne an. Dann sprach sie weiter: »Ich glaube, daß Tony schließlich einverstanden sein wird. Er möchte auch, wie Emmanuelle, einen Sohn, aber er hat Angst.«

»Tonys Scheidung«, hab ich geantwortet, »die hat gewirkt, als sei ein Stück seines Lebens herausgeschnitten worden. Er hat gelitten. Und deshalb hat er jetzt Angst.«

Scheiden, ein Paar trennen, heißt immer, sich ins lebendige Fleisch schneiden. Man muß schon sehr sicher sein, daß das Gute, das man davon erhofft, größer ist als das Schlimme, unter dem man leiden wird.
Manchmal sterben Bäume, weil man ihnen zu viele Zweige nimmt. Und man muß an den anderen, an die anderen denken. An alle die, die diese Zweige beschützt haben.

Dina spielte wieder ein paar Töne, unterbrach sich:
»Aber Emmanuelle wird es fertigbringen, ihm Vertrauen zu vermitteln«, sagte sie. »Sie liebt ihn, sie wird ihm Vertrauen geben.«

Lieben heißt, daß man es versteht, dem anderen Vertrauen zu sich selbst zu geben.

Dina und ich gaben uns gegenseitig dieses Vertrauen. Ich erkannte es besonders deutlich, wenn ich Marthe mit Jack sprechen hörte. Ich stellte fest, daß Worte für ein Paar eine Krebsgeschwulst werden können. Marthe machte es sich nicht klar, was sie Jack und was sie auch sich selbst antat. Sie überließ sich einer launischen Regung der bitteren Befriedigung, ihn leiden zu lassen. Sicherlich war sie so aggressiv, weil sie selbst innerlich litt. Doch sie wußte nicht, daß man seinen Willen, ein Paar zu sein, einsetzen muß, damit es entstehen und gedeihen kann.

Viertes Kapitel

Die Harmonie zwischen zwei Menschen, ihr Glück, ist die Frucht ihres gemeinsamen Willens, Glück und Harmonie zu schaffen. Die Liebe ist nicht nur ein Wunder, das aus einer Begegnung entsteht, sie ist Tag auf Tag das, was man für sie tut. Man muß sich dazu entschließen, daß sie gedeihen soll.

Ist dieser Wille vorhanden, überwindet er alle Hindernisse.

Einige Kilometer östlich von uns lebte ein befreundetes Ehepaar in einem schönen Haus spanischen Stils, mit Patio, mit Springbrunnen. Amerikaner. Sie war in Hollywood Drehbuchautorin gewesen, er, ein kräftiger Vierziger mit schon weißen Locken, schrieb hier weiter seine Romane für Heranwachsende. Wir hatten sie sehr gern, Barbara und David. Sie hatten keine Kinder und kamen oft zu uns, weil sie Nicole, Charles, Richard und Suzanne hören und sehen wollten.

Barbara spielte fröhlich lächelnd mit meinen Töchtern. David blieb bei mir. Wir sahen uns an.

»Barbara ist dafür bestimmt, Kinder zu haben«, sagte David eines Tages. »Und nun das.« Er vertraute sich mir sachlich an, er stellte nur fest. David hatte bei mehreren Ärzten Hilfe gesucht, jede Behandlung ohne Erfolg durchgeführt. Nun fand er sich ab. Auch Barbara nahm es hin.

»Was soll man denn machen?« fragte er.

Sie hatten versucht, ein Kind zu adoptieren, waren aber auf zahlreiche Hindernisse gestoßen. Doch sie warteten geduldig und gelassen. »Barbara ist eine Frau, eine echte

Frau«, sagte Dina. »Sie läßt sich nichts anmerken, aber sie leidet, ich weiß es.«

Eines Tages endlich, als wir vor ihrem Haus gehupt hatten, kam David auf uns zugelaufen mit heftigem Winken.

»Ihr weckt sie auf«, sagte er leise.

Barbara war in dem kleinen Zimmer, das auf den Patio hinausging und in dem Nicole, vom Herumrennen ermüdet, oft schlief. Da saß Barbara am Bett. Auf den Decken lag zusammengerollt ein kleines asiatisches Mädchen mit sehr dunkler Haut. Ich habe es angesehen und habe Barbara angesehen. Sie lächelte. Das kleine Mädchen hatte statt der Hand einen Stumpf. David zog mich hinaus.

»Der Krieg«, sagte er, »sie kommt von da hinten, Vietnam. Waise. Sie hat buchstäblich nichts. Ihr können wir etwas geben.«

Ich weiß nicht, ob ich den Mut gehabt hätte, jede Minute diesen verstümmelten Arm vor Augen zu haben. Dieses fremde Kind, das Barbara und David wie ihre eigene Tochter aufnahmen, das ihre Tochter werden sollte. Und ich sah in den folgenden Monaten, wie Barbara aufblühte, wie herzlich David lachte. Sie hatten ihre Liebe weitergegeben und sie dadurch reicher gemacht. Sie hatten beschlossen, mit einem leidenden Wesen zu teilen. Sie gewannen. Übrigens hatten sie auch, bevor sie das verwundete Kind adoptierten, immer an der Welt teilgehabt. Sie begeisterten sich und entrüsteten sich. Für sie waren tatsächlich die Menschen, war die gesamte Menschheit ihre Familie. Wenn ich David sah, dachte ich an meinen Onkel Julek Feld, der im Getto von Warschau zu denen gehörte, die den Kampf befeuerten, zu denen, die nicht an ihr eigenes Schicksal, ihr eigenes einfaches Leben dachten, sondern an das Geschick aller anderen, einer von denen, für die das Ideal, für die großherzige Ideen das Brot sind, von dem sie leben.

Für meinen Vater, für Julek Feld, für David hieß Lieben vor allem: Seite an Seite mit den anderen zu stehen, für sie zu kämpfen, ihnen zu helfen, sie zu verteidigen, sie zu warnen.

Lieben ist das Wissen, daß man eine lebendige Zelle
im Organismus der Welt ist,
für die man Verantwortung trägt.
Liebe heißt begreifen, daß man von anderen lebt.
Daß man ein Augenblick der Welt ist.
Dann ermöglicht diese Liebe zur Welt
und zum ganzen Leben, den Tod in sich zu bekämpfen.
Die Welt, die anderen zu lieben
heißt dem Tod seine Macht zu nehmen.

Der Tod

Das Telefon läutete. Ich war allein im Salon, draußen der Regen; das Kaminfeuer brannte schlecht, weil das Holz zu feucht war. Ich wartete auf Freunde. Das Telefon: Bernards Stimme, ganz knapp. Sein Sohn, ein Autounfall unten auf der Küstenstraße.

»Kommen Sie nicht, Martin«, sagte er, »ich wollte Sie nur benachrichtigen. Er ist tot. Das ist alles.«

Ich versuchte zu reden, mühsam wie immer in solchen Augenblicken. »Kommen Sie nicht«, wiederholte er. »Ich möchte lieber allein sein.« Er hängte auf. Ich kannte seinen Sohn nicht, Bernard hatte wenig von ihm gesprochen. Aber ich war erschüttert. Alle Wunden öffneten sich mit einem Schlag.

Wieder der Tod, der uns nie verläßt.

Ich war ihm in der Jugend begegnet, in meiner Stadt, die vom Krieg verwüstet, von der Barbarei überwältigt wurde. Der Tod wurde zum Gefährten meines Daseins: Tote auf den Straßen, aufgeschichtete Tote, Tote, die ich im Lager Treblinka im gelben Sand verscharrte. Doch damals betraf meine Frage nicht den Tod. Ich war jung, von der Tollheit des Krieges erfaßt. Ich stellte mir immer die gleichen einfachen Fragen: »Warum bringt man sie um? Wie kann man sie retten, wie rächen?«

Dann vergingen die Jahre. Eines Tages, als ich aus Europa zurückkam, stieß ich wieder auf den Tod. Ich habe meine Großmutter ausgestreckt auf ihrem Bett liegen sehen, in ihrer Wohnung zu New York, zierlich und starr in Trauerkleidung gehüllt, ich habe ihre eisige Stirn berührt, ich habe begriffen, daß sie nicht mehr mein Weinen hören, mir nie mehr mit der Hand durch die Haare fahren würde, die nach ihrer Meinung immer schlecht frisiert waren. Ich wußte, daß ich sie nicht mehr an mich drücken würde, gebrechlich, aber lebendig. Und wochenlang brannte die Frage in mir:

Warum Tod?

Das Leben, mein Schicksal, das jedes Menschen schien mir von Ungerechtigkeit gezeichnet, weil ein Augenblick kommt, wo man die verliert, die man liebt.

*Früher oder später kommt die Prüfung
in ihrer unerträglichen Grausamkeit.
Der Tod, das Unannehmbare,
das man anzunehmen lernen muß.*

Ich habe sie wiedererlebt, alle Jahre des Krieges, die Tage im Getto, das Entsetzen in Treblinka.

Dina, meine Kinder, das Glück: Sie halfen mir eine Weile, den Tod auf Abstand zu halten. Doch er ist zurückgekommen, er hat sie mir genommen, und ich fühlte ihn wieder um mich streichen.

Heute hat er Bernards Sohn genommen. Und dieser Tod verwundet mich, weil ich durch alle meine Leiden erfahren habe, daß der Tod eines geliebten Wesens nie verwunden wird.

*Man muß wissen, daß es den Tod gibt.
Man muß wissen, daß er um uns her, in uns zuschlägt
und nimmt, was wir am liebsten haben.*

*Man darf nicht glauben,
daß wir vor diesem Sturm sicher sind.
Man darf ihn nicht vergessen.
Man muß wissen, daß wir verwundet werden
und daß die Wunde bleibt.
Immer. Und daß man trotz allem leben muß.*

Ich lebe. Ich bin der Beweis, daß man mit dem Unglück leben kann. Und auch mein Freund Bernard wird leben. Trotz seinem Schmerz. So will es das Gesetz. Aber die Frage bleibt. Warum Tod? Wie mit ihm leben?

Eines Abends in Brüssel, als ich mein Buch signiert hatte, blieb ein magerer Mann, dem sehr schwarze Haare in die Stirn fielen, vor mir stehen.

»Ich habe keine Bücher mehr«, sagte ich und wies auf den leeren Tisch.

»Darum geht es nicht. Ich habe es gelesen und wieder gelesen. Ich möchte mit Ihnen sprechen. Wäre es Ihnen recht?«

Wir gingen hinaus. Es herrschte feuchtes Winterwetter mit leichtem Nebel. Wir sind durch fast menschenleere Straßen gegangen.

»Ich bin nicht jüdisch, Monsieur Gray«, begann er, »ich bin katholisch, aber Ihr Leben ist für mich das eines Glaubenden, und trotzdem sprechen Sie nicht von Gott. Sie sagen niemals Gott, aber ich weiß es, ich fühle es: Wie hätten Sie mitten in diesem Entsetzen leben können, angesichts so vieler Toter, wenn Sie nicht an Gott, an ein anderes Leben glaubten? Wie kann man sonst den Tod der Ihren hinnehmen? Ich habe meine Tochter verloren,

Monsieur Gray, sie war sieben Jahre alt, eine unheilbare Krankheit, verstehen Sie? Ich weiß, daß sie in anderer Gestalt lebt wie Ihre Kinder auch und daß wir sie wiederfinden werden. Ist es nicht so, Monsieur Gray? Ist es nicht so?«

Ein anderes Leben nach dem Tode?
Ein guter und gerechter Gott, der die Seelen zu sich nimmt?

Viele Male habe ich, ohne die Frage wirklich zu äußern, mit dem Blick die frommen Juden im Getto befragt, jene, die aus Treue zu ihrem moralischen Gesetz bereit waren, sich töten zu lassen. So viele Male habe ich nach einem Zeichen ausgespäht. Ich habe den Glauben lange Zeit abgelehnt, ich hatte mich im Handeln verzehrt: Tag um Tag kämpfen, mich rächen.

Später, wenn ich mich mit Dina auf der Terrasse unseres Hauses aufhielt, Meer und Himmel gegenüber, also viel später, habe ich angefangen, an Gott zu denken, in mir die Frage zu vernehmen, die so einfache, so kindliche Frage, die doch niemals oft genug gestellt wird:

Warum der Tod, warum das Leben?

Leli, eine sanfte Frau, die Dina bei der Arbeit half, betete oft mit leiser Stimme. Es kam vor, daß ich sie lächelnd ansah, vielleicht, ohne es zu wollen, mit spöttischer Miene.

»Lachen Sie nicht, Monsieur Gray«, sagte sie, »spotten Sie nicht über mich. Ich bin gewiß, daß er mich versteht, daß er uns sieht, uns hört.«

Ich hätte gern auch solche Gewißheit gehabt. An Gott

zu glauben gibt der Welt eine Ordnung. Alle Geheimnisse, alle Schande, der Tod von Millionen Menschen und die Barbarei, das Gute, das Böse, alles fand darin eine Erklärung oder wurde gerechtfertigt, in einem viel größeren Geheimnis aufgehoben, dem der Welt, des Universums. Dann hatte ich Dina verloren, meine Kinder. War also alles ohne Sinn, schrecklicher Zufall, oder war ich dazu ausersehen, geschlagen, gestraft zu werden – und wofür?

Der Tod derer, die man liebt, der Tod der Kinder erscheint uns immer ungerecht. Ein Baum wird entwurzelt, unter dem man sich wohl fühlte, ein Baum wird gefällt, der noch keine Frucht getragen hatte.

Tagelang hatte ich Haß in mir, Haß auf die Welt. Ich war verrückt vor Schmerz, nachts brüllte ich, und als ich, Tage danach, Leli wiedersah, hatte ich Lust, ihr entgegenzuschreien: »Also Ihr Gott, also, Sie haben doch meine Kinder gekannt, Sie haben Dina geliebt, also erklären Sie mir...« Und dann begann ich zu handeln. Meine Stiftung, mein Lebensbericht, den ich zu schreiben begann.

Man entkommt dem Kreis des Todes durch Handeln, durch Leben.

Ich fand mich in derselben Lage wie damals, als ich aus Treblinka geflohen war, als ich die Meinen warnen wollte, die Menschen meines Volkes warnen vor dem Schicksal, das auf sie lauerte, die ich zum Kämpfen aufrufen wollte. Ich fühlte in mir jene Entschlossenheit, deren Ur-

sprung ich nicht recht erkannte, aber die so tief saß, dieser
Instinkt, der mir den Selbstmord verbot, als sich so viele
meiner Gefährten in Treblinka in den Tod gleiten ließen.
Und ich hatte dieser Versuchung widerstanden.

*Man muß den Tod überleben wollen. Man muß handelnd,
denkend Deiche gegen die Verzweiflung errichten.*
*Der Tod der geliebten Menschen ist ein Wirbelsturm, der
dich einsaugt, und du kannst dich fortreißen lassen, du
kannst dich ertränken lassen. Man muß sich vom Wirbelsturm entfernen. Man muß überleben wollen.*

»Ich versichere Ihnen, Monsieur Gray, wenn ich nicht
diese Gewißheit hätte, daß es einen Gott gibt, wenn ich
nicht gläubig wäre, wissen Sie, meine Frau und ich, wir
hätten uns umgebracht, denn das Leben ohne unsere
kleine Tochter, was ist das noch wert?«

In den Straßen von Brüssel sprach der Mann weiter auf
mich ein. Er ließ mir nicht einmal Zeit zu dem Versuch,
eine seiner Fragen zu beantworten.

»Überall ist es, als ob wir ihr begegneten, jedes Ding,
Monsieur Gray, jedes Kind, dem ich begegne, sagt mir,
daß sie nicht mehr da ist, verstehen Sie?«

Dann ergriff er meinen Arm.

»Ich weiß, ich sollte Ihnen das nicht sagen, Sie sind in
derselben Lage. Ich habe daran gedacht, mich zu töten
und meine Frau auch. Aber wir sind gläubig, wir haben
kein Recht dazu. Wir werden sie wiederfinden, nicht
wahr? Ich bin sicher, daß sie uns sieht.«

Eine lange Weile gingen wir schweigend nebeneinander.

»Warum können Sie nicht ein anderes Kind haben?«
Er schüttelte den Kopf.
»Wir haben keinen Mut dazu. Sie ist noch so sehr da, wir können sie nicht verdrängen, und dann auch – wenn wieder ein Unglück geschähe – wir haben Angst davor.«
»Es gibt keine anderen Möglichkeiten«, habe ich ihm gesagt.
»Man muß diesen Mut aufbringen. Mir scheint, das ist Glauben.«

Glauben heißt leben wollen.
Bis zum Ende leben, trotz dem Tod.
Glauben heißt an das Leben glauben.
Und Leben geben heißt den Tod bekämpfen.
Denn das Leben vertreibt den Tod.
In jedem Frühling blüht der Baum aufs neue.
Und Herbst und Winter sind nichts anderes
als Jahreszeiten
zwischen den anderen. – Der Mensch muß lernen,
den Tod als einen Augenblick des Lebens zu sehen.

»Aber Sie, Monsieur Gray, Sie? Werden Sie andere Kinder haben? Nach allem, was Sie durchgemacht haben?«
»Wenn der Augenblick da ist«, habe ich gesagt.

Man soll den natürlichen Lauf der Dinge nicht beschleunigen wollen. Es gibt eine Zeit zum Leiden und eine Zeit für die Genesung.

Wir gingen noch ein paar Schritte, ohne zu reden, in dem immer dichter werdenden Nebel.

Fünftes Kapitel

»Ich möchte sicher sein«, fuhr er fort, »daß ich meine Tochter wiederfinde, eines Tages, daß wir drei wieder zusammen sind, ihre Mutter, ich. Ich bete, Monsieur Gray, ich bete. Ich will daran glauben.«

Ich habe nie beten können, ich habe es nicht gelernt. Ich weiß nicht, ob ich mich für gläubig halten soll. Aber ich bin sicher, daß ich niemals die verlassen werde, die ich geliebt habe. Ich lebe mit ihrem Andenken, und wenn mich der Tod holt, werde ich mit ihnen die Augen schließen. Vielleicht hatte ich deshalb nie eine klare Antwort für diejenigen, die mich nach meinem Glauben fragten, nach Gott, nach einem anderen Leben, nach einem, das nach dem Tod kommt. Ich wußte nur eines: Die ich geliebt hatte, die im Getto, meine Familie, meine Gefährten, dann Dina und die Kinder bleiben in mir am Leben. Ich weiß, daß sie noch meine Schritte lenken, daß ich ihren Namen nicht erst anzurufen und nicht für sie zu beten brauche. Mein Leben gehört ihnen.

Den Toten treu zu sein bedeutet nicht, sich in seinem Schmerz einzukapseln. Man muß weitermachen, muß seine Furche ziehen, tief und gerade. Als ob sie selbst sie so gezogen hätten.

Denen treu bleiben, die gestorben sind,
heißt so leben, wie sie gelebt hätten.
Und sie in uns leben lassen.
Und ihr Gesicht, ihre Stimme, ihre Botschaft
anderen bringen.
Einem Sohn, einem Bruder oder Unbekannten,
anderen – wer immer sie sind.

*Dann wird das Leben, wenn auch vom Tode verstümmelt,
immer weitergehen, von neuem erblühen.*

Das habe ich in den Straßen von Brüssel dem Mann zu erklären versucht, den ich nur durch seinen mir anvertrauten Schmerz kannte.

»Aber Sie sind gläubig«, wiederholte er, »es kommt nicht auf die Worte an, die Sie brauchen, oder die, die sie nicht benutzen wollen. Sie sind gläubig. Das geht aus allem hervor, was Sie sagen. Sie glauben an ein anderes Leben.«

Wir waren vor meinem Hotel angekommen.

Bevor er sich verabschiedete, sagte er: »Ich wollte Ihnen schreiben; als ich Ihr Buch gelesen hatte, wollte ich schreiben, aber dann habe ich nicht gewagt, Sie zu stören. Warum Sie langweilen? Sie sind auch vom Unglück geschlagen, warum also Ihnen von meiner Qual erzählen, meiner Tochter...«

»Wenn es Ihnen hilft. Aber Sie sind es, der alles kann, Sie allein, Sie zuerst.«

*In sich selbst, einzig und allein in sich selbst
hat man zu entscheiden,
ob man die Verzweiflung und den Tod besiegen will.
Dann muß man sich den anderen zuwenden,
den unzählbaren Leben.
Ein Baum überlebt zuerst durch seine Wurzeln.
Aber ohne die Sonne geht er zugrunde.
Die anderen sind unsere Sonne.*

Es war schon spät, in der Halle des Hotels schliefen zwei blonde Kinder, zweifellos Amerikaner, beide im

Fünftes Kapitel

selben Sessel, die Koffer nah neben sich. Auf dem Diwan, unter einem großen Wandteppich, saß ihre Mutter und sah sie lächelnd an. Das Leben. Ein Blitz in mir, die Erinnerung, der Alpdruck: All die Kinder, die ich tot und doch noch lebenswarm gesehen hatte, diese Kinder, die ich in den Gräben von Treblinka vergraben hatte, und dann meine Kinder und das kleine Mädchen des Unbekannten – und diese beiden Kinder, die unter dem sanften Blick ihrer Mutter friedlich schliefen. Und die Millionen anderer, lebendig, fröhlich wie die Kinder im Dorf Tanneron, die auf dem Hof der kleinen Schule, auf dem Dorfplatz immer noch umherjagten. Meine waren nicht mehr unter ihnen, aber das Wettrennen, die Spiele gingen weiter.

Seit meinem Unglück war ich mehrmals wieder in den Klassenräumen gewesen. Ich erklärte den Kindern, wie vorsichtig sie mit Feuer im Wald umgehen müßten. Ich sprach mit den beiden Lehrern, die von meinen Kindern so geliebt worden waren.

Ich hatte die Begegnung mit den Schulkameraden von Nicole, Suzanne und Charles gefürchtet. Aber ich kam nicht verzweifelt von der Schule zurück.

Da war die kleine, etwa zehnjährige Monique zu mir gekommen. Ich kannte ihre Eltern, Mimosenzüchter, die bei dem Brand ihre ganze Anpflanzung von Sträuchern verloren hatten, diesen empfindlichen Reichtum aus kleinen gelben Kugeln; sie erinnerten an winzige Sonnen und hatten vor dem Brand den Hügel von Tanneron zu einem goldenen Meer gemacht.

»Ich denke an sie«, sagte Monique, »vor allem an Nicole. Sie war meine Freundin, Sie wissen, ich werde sie nie vergessen. Niemals.«

Ich küßte sie. In der Erinnerung von Monique werden meine Kinder leben.

Eines Tages versammelten sich alle Schüler von Tanneron auf der Straße, die zur Stadt führt, an der Stelle, wo der von Dina gesteuerte Wagen rauchumhüllt in die Schlucht abgerutscht war. Mit ihren Lehrern haben die Kinder einen Gedenkstein aufgestellt. Der Wind ließ ihr Haar wehen. Ich sah ihre so ernst gewordenen Gesichter, und ich wußte, daß sie nicht vergessen werden.

Und meine Leser werden auch nicht vergessen: Ihre Briefe bezeugen es. Also werden die Menschen, die ich verloren habe, ein anderes Leben fortführen, eingefügt in das Leben der anderen. Ein vielfaches Leben. Meine Kinder werden lebendig sein in Monique, in ihren Kameraden aus der Schule von Tanneron, in jedem meiner Leser, in denen, die durch die Stiftung Dina Gray vor der Gefahr gewarnt werden.

Ist das nicht das andere Leben, das der Tod nicht auslöschen kann? Diese Existenz, die so lange andauern wird, wie es Menschen gibt und Erinnerung gibt?

Der Mensch ist sterblich. Das individuelle Leben hört eines Tages auf. Diejenigen, die man liebt, sterben. Aber immer wieder werden Kinder geboren. Es gibt die Menschen, dieses Leben mit den Milliarden Gesichtern, das sich fortsetzt und sich ausbreitet. Und die anderen, die noch da sind, und diejenigen, die noch geboren werden, die Gesamtheit der Menschen wird diejenigen, die gestorben sind, weiterleben

Fünftes Kapitel

*lassen. Der Tod kann nur durch Brüderlichkeit besiegt werden.
Ich sterbe nicht,
weil ich ein Teil eines lebenden Ganzen bin.*

Doch das zu begreifen mildert nicht den Schmerz der Wunde, die der Tod der anderen uns zufügt.

*Der Tod ist immer die große, schwere Prüfung.
Die Leere, die sich plötzlich unter unseren Füßen auftut.
Sie zu fliehen nützt nichts.
Man muß lernen, sie anzusehen, sie zu erkennen.*

Ich erfuhr in den ersten Monaten nach dem Tod der Meinen die Anziehungskraft dieser Leere. Nächte hindurch sah ich mir in unserem großen Haus die Filme wieder an, die ich von ihnen gemacht hatte, die Kinder vorm Haus, mit Dina spielend.

Ich wurde verrückt, ich lebte mit dem Tod. Ich war dabei, in ihn einzutauchen, mich in diese Leere zu werfen, wie ein Mensch, den der Schwindel packt, plötzlich hinstürzt.

Ich habe mich wieder gefangen. Ich habe wieder an das Getto, an Treblinka gedacht. Ich habe mich gezwungen, den Tod anzusehen. Denn ich hatte ihn vergessen gehabt. Zehn Jahre des Glücks, zehn Jahre der Selbstsucht vielleicht, zehn Jahre, in denen mir das Unglück nur wie ein längst vergangener Alpdruck erschienen war. Dann stieß er zu. Als ich meinen Schild gesenkt hatte. Ich erinnere mich, daß ich Monate später einen der Ärzte traf, die mich bei dem Waldbrand gesehen hatten. Wir setzten uns auf die Terrasse.

»Sie haben gut reagiert«, sagte er. »Ich habe einen Augenblick lang für Sie gefürchtet – ich wußte damals noch nicht, was Sie schon während des Krieges gelitten haben.«

»Und wenn Sie es gewußt hätten, Doktor, hätte es Sie dann beruhigt oder noch mehr beunruhigt?«

»Die Antwort ist nicht so einfach«, begann er.

Er zündete eine Pfeife an, beugte sich vor, stützte die Ellbogen auf die Knie und verschränkte die Finger.

»Ich erzähle Ihnen eine Geschichte, die man mir erzählt hat, und ich halte sie für wahr. In Israel war ein Überlebender der Vernichtungslager, ein Mann, der wie Sie neben dem Tod hergegangen war und in seinen Händen Hunderte von Leichen der Opfer gehalten hatte. Es war ihm gelungen zu fliehen, er hatte gekämpft. Schließlich kam er nach Israel, er heiratete, wollte aber keine Kinder.«

»Warum nicht?«

»Ich glaube, er hatte kein Vertrauen mehr zu den Menschen, er hatte Angst vor dem Krieg, er wollte kein anderes Leben als das seine in die Hölle werfen. Ich stelle mir wenigstens vor, daß es so war.«

»Glauben Sie, daß er glücklich war?«

»Nein, bestimmt nicht. Und das eben wollte ich Ihnen erklären. Jahrelang litt er unter Alpdruck und unheilbarer Schlaflosigkeit. Er suchte einen Psychiater auf, eben den Freund, der mir die Geschichte erzählt hat. Der riet ihm, was er gesehen hatte, zu erzählen, von der Hölle in den Lagern zu schreiben. Der Überlebende begann damit, und es wurde sofort besser mit ihm. Er schlief. Er er-

Fünftes Kapitel

wog sogar die Möglichkeit, Kinder zu haben. Er schrieb mehrere Monate, fünf oder sechs, glaube ich. Dann schickte er meinem Freund das Manuskript, und am selben Abend fand man ihn erhängt auf.«

Der Arzt klopfte seine Pfeife auf der Terrassenmauer aus. »Vielleicht hätte ich Ihnen das nicht erzählen sollen.«

Ich antwortete nicht, ich stelle mir diesen unbekannten Kameraden vor, der Tag um Tag den Berg der Erinnerung erstiegen hatte. Als er am letzten Abend auf diese Vergangenheit blickte, die er wieder erlebt hatte, schwankte er wie ein Bergsteiger, der zu hoch gestiegen ist und dem plötzlich, in dem Augenblick, wo er den Gipfel erreicht hat, die Kräfte fehlen.

»Sie sehen«, sagte der Arzt, »Sie sehen nun, warum ich nicht weiß, was ich gedacht hätte, wenn ich Ihre Vergangenheit gekannt hätte. Jetzt glaube ich, daß Ihre Vergangenheit, die Barbarei, der Sie standzuhalten hatten, Ihnen geholfen hat. Sie wußten, daß es den Tod gibt, sie kannten sein Gesicht. Sehen Sie sich um: Wer wagt, abgesehen von denen, deren Beruf es ist – wie ich zum Beispiel –, sich einzugestehen, daß es die Krankheit, das Unglück, den Tod gibt? Wie sollte es Menschen nicht niederschmettern, wenn sie bis dahin das alles nicht kannten?«

Der Mensch von heute, die Gesellschaft von heute,
verschließt sich vor Unglück und Tod, maskiert sie.
Dann aber treffen uns Unglück und Tod
wie Meteore, die auf uns herabstürzen.
Niemand kann ihnen entkommen.

Denn sie sind ein Teil des Lebens.
Jeder Mensch muß lernen, ihnen ins Auge zu sehen.

»Und Sie, Doktor, wie reagieren Sie?«
»Auf was?«
»Auf den Tod. Sie fliehen ihn nicht. Sie dürfen ihn nicht fliehen.«
Er stopfte langsam seine Pfeife und warf mir von Zeit zu Zeit einen Blick über den Brillenrand zu.
»Meinen Sie nicht, daß wir mit dem Thema fertig sind?«
»Ich möchte es wissen.«
Er schwieg einen Augenblick.
»Das ist ja immer das Ärgernis«, sagte er. »Alles andere ist daneben nichts. Sehen Sie, ich erinnere mich an meinen ersten Todesfall. An dem Tag begriff ich alles. Es war eine alte Frau. Sie war schon ohne Bewußtsein, schien aber noch zu leiden, sie atmete mühsam, ihre Tochter saß völlig erschöpft an ihrem Bett. Ich habe mir gesagt: ›Warum soll man das Leben dieser alten Frau verlängern, sie leidet, die Tochter leidet, und warum, mein Gott, sie hat ja in diesem Alter eine Chance von eins zu einer Milliarde, davonzukommen?‹ Ich bin gegangen, habe ein paar Ratschläge gegeben, etwas überflüssige Medizin. Nach noch nicht einer Stunde wurde ich wieder gerufen. Die Kranke war tot. Und da habe ich gesehen, habe begriffen: Ich hatte Leben zurückgelassen, ein röchelndes Atmen, ein Nichts, wie mir schien, und nun traf ich Materie, Stein, Nichts. Ich habe eingesehen, daß man am Leben festhalten muß, daß man es bis ans Ende ver-

längern muß und auch, glauben Sie mir, bei schrecklichen Schmerzen. Denn von dem, was nachher ist, wissen wir nichts, aber was ich sehe, was ich selbst sehe, das ist der wie Stein gewordene Körper.«

»Sie sind nicht gläubig?«

»Doch, durchaus.«

Der Arzt stand auf, lehnte sich auf die Mauer der Terrasse und blickte hinaus aufs Meer.

»Es kann nicht sein, daß alles das, was einen Mann, eine Frau ausgemacht hat, vernichtet wird. Ich sage es nicht in dem Versuch, Ihren Schmerz zu besänftigen. Ich glaube im tiefsten Innern, daß ein so einzigartiger Reichtum, wie ihn ein Mensch darstellt, nicht zu Nichts werden kann. Doch zur selben Zeit weiß ich, daß dieser Reichtum erhalten werden muß. Und das edelste Gebot heißt für mich: Du sollst nicht töten.«

Alles muß aus der Welt verbannt werden, was das Leben töten kann. Das Leben muß gegen den Tod verteidigt werden.
Aber manchmal muß es hingegeben werden, um die Menschen vor denen zu bewahren, die des Todes Helfer sind: Henker und ganze Systeme, die den Tod zu ihrem Werkzeug machen.
Doch eine Idee ist nur groß, eine Sache ist nur gerecht, wenn der Schutz des Lebens ihren Kern bildet.

»Und wie bringen Sie es fertig, Doktor, nicht in Ihrem eigenen Dasein von diesem Umgang mit dem Tod getroffen zu werden? Wie machen Sie es?«

»So ein Wunder gibt es nicht, glauben Sie mir. Ich bin

jedesmal betroffen wie beim ersten Mal, nur – jetzt weiß ich, daß es das dort gibt.«

Er wies auf das Meer, den vergoldeten Himmel, die Bäume, die Wiesen.

»Die Welt, die Schönheit, sehen Sie, Martin Gray, das ist mein wichtigstes Hilfsmittel.«

Gegen die Angst vor dem Tod muß der Damm des Lebens errichtet werden, wir müssen uns der unendlichen Schönheit der Welt öffnen. Wir müssen uns in das Geheimnis des gestirnten Himmels verlieren. Wir müssen ein Teil dieses großen, in ständiger Bewegung befindlichen Ganzen werden, ein Teil des lebendigen Universums.

»Und außerdem...«, fuhr er fort.

Er wies auf seinen Handkoffer.

»... das da, das Handeln, der Kampf, nicht kapitulieren vor dem Tod, sehen Sie. Versuchen, ihm noch eine Sekunde abzugewinnen, noch einen Blick, noch einen Atemzug. Das ist mein anderes Hilfsmittel. Das Tun. Gewiß werde ich besiegt, aber das liegt in der Ordnung der Dinge, und ich gebe nicht nach, niemals.«

Das Tun, das Leben retten uns.

»Und dann die Hoffnung. Sie wissen, ich bin gläubig. Das gibt mir Frieden, aber da ist noch etwas, eine Art wissenschaftlicher Hoffnung. Sehen Sie, ich denke, daß wir eines Tages älter werden, zu einem Gleichgewicht finden, unser Leben wird erfüllter sein, und schon wird der Tod für uns nur einen Zeitpunkt bedeuten, eine natürliche Stufe, einen Übergang.«

Den Tod mit offenen Augen sehen.
Denn er ist unvermeidlich.
Ihn nicht fürchten, nicht seinetwegen entsagen.
Ihn anerkennen und ihn bekämpfen.
Und in sich die Weisheit aufbringen,
wenn der Augenblick da ist.
Wenn er um sich schlägt:
Die Wesen, die er zerschmettert, sie leben fort
im Gedächtnis derer, die noch bleiben.
Sie leben noch, weil das Universum eine Ewigkeit ist,
die sich wandelt.
Und der Mensch ist ein Teilchen dieses Universums
und deshalb auch der Ewigkeit.
Wie das Universum wandelt er sich.
Sein Tod, dieser Punkt, an dem das Leben zerbricht,
ist ein Übergang.
Denn das Leben im Universum hört nicht auf: Es ist ewig.
Und der Tod ist nur
für eine Gestalt des Lebens das Ende,
des Lebens,
das anderswo wiedersteht, in tausend neuen Formen.

Das Leben

Larry lernten wir schon im ersten Jahr in Les Barons kennen. Wir kampierten in noch unfertigen Räumen. Dina holte Wasser von der Quelle, ich begann, das Gelände zu roden. Larry tauchte an einem Spätnachmittag auf. Dina und ich lehnten an den Steinen der Fassadenmauer, die Wintersonne wärmte unsere Füße.

»Sie sind also die Amerikaner, wie man hier sagt?«

Er sprach mit New Yorker Tonfall. Er kam auf uns zu, beide Hände in den Taschen seiner Lederjacke.

»Lassen Sie sich nicht stören. Ich kam durch das Dorf, und die Leute haben von Ihnen berichtet.« Er erklärte uns, daß er seit sechs Jahren an der Côte d'Azur lebte und für Zeitungen der amerikanischen Ostküste arbeitete. »Mein Gebiet ist Europa«, setzte er hinzu.

Larry saß vor uns auf einem Steinblock mit einer Mulde, einer Tränke.

»Klappt alles?«

Ich schwieg. Ich fürchtete den Überfall von allem, was es an der Côte d'Azur an Amerikanern gab. Larry sprach, dann begann er plötzlich zu lachen.

»Sie sind nicht gerade redselig, ich verstehe...«

Er lachte, während er aufstand.

»Wissen Sie, als ich hierher kam, wollte ich nur eines, nur Ruhe, vor allem wollte ich nur Nachbarn sehen, die ich leiden mochte, keine Eindringlinge, keinen Biedermann, der einem erzählt, daß er für Zeitungen in Boston oder Los Angeles arbeitet.«

Sein Lachen steckte an.

»So ist es«, habe ich gesagt, »wenn man von New York

Sechstes Kapitel

kommt, sehen Sie, dann träumt man von ein bißchen Stille.«

»Und will nicht gerade auf einen New Yorker stoßen.« Er rieb sich die Hände.

»Sie sind großartig, ich schwöre: Sie werden mich nicht wiedersehen, doch zu wissen, daß Sie da sind, das begeistert mich. Guten Tag.«

Wir haben ihn bis zur Pforte begleitet.

»Zum Lachen, lustig das Leben, nicht? Ich liebe das Leben, die Gefahr, Begegnungen. Deshalb gefällt mir mein Job. Es gibt immer was zu entdecken, Sie, oder das da...«

Larry wies auf den Horizont hinter dem Meer, wo düstere Wolkenbänke vom Wind zerfasert wurden.

»Schön, nicht?«

Er lachte lautlos.

»Und diese frische Luft, riechen Sie den Duft der Kiefern? Schön ist das Leben. Ich denke an – haben Sie noch eine Minute Zeit?«

Larry hatte uns erobert. Ich merkte, daß ich unwillkürlich lächelte, und sah auch Dina lächeln.

»Na gut, eigentlich hab ich Ihnen gar nichts mehr zu sagen, doch: Eines Abends in Korea, schlimmer Unfall auf der Straße, zwei oder drei Autos brannten schon. Es gab Tote, die wurden weggetragen, es gab Verwundete, ich saß auf einem kleinen Hügel, sehen Sie...«

Larry faßte sein Bein, zog das Hosenbein hoch. An der Wade begann eine lange rote Narbe.

»Ekelhafte Verwundung, blutete wie verrückt, ich war nicht sehr tapfer, ich sagte mir, sie würden es mir abnehmen, und dann... Da war ein Fluß. Die Sonne, die man, ich weiß nicht weshalb, nicht mehr gesehen hatte, kam plötzlich durch, eine sonderbare Beleuchtung, die Sonne ließ den Fluß aufglänzen, ich war so kaputt, so erschöpft, mein Bein, diese Toten für nichts und wieder nichts oder für fast nichts, und plötzlich dieses Licht, dieser Fluß, die Ruhe, ich hab mich glücklich gefühlt, komische Freude. Ich sagte mir immer wieder, daß trotz allem das Leben schön war, hart, groß, schön, und daß ich es liebte. Ein wenig so wie heute abend. Verstehen Sie? Salut.«

Er hinkte davon, grüßte mit der Hand, ließ den Motor seines Wagens aufheulen.

»Bis bald, Larry!« rief Dina.

Am Abend gingen wir auf der verlassenen Straße spazieren. Wir lernten die Landschaft kennen, die den Rahmen unseres Lebens bilden sollte, wir hörten den Wind und die Stille. Ich erinnerte mich an die Nacht, als ich aus dem Zug gesprungen war, die Nacht meiner Flucht aus Treblinka, als ich die Erde, das Wasser, das Gras unter meinen Handflächen fühlte, als ich dann durch den Wald lief und im Wald schlief. Ich hatte eine unvorstellbare Hölle der Menschen verlassen, und doch – und nicht nur, weil ich entkommen konnte – war ich wie der verletzte Larry von der Überzeugung erfüllt, daß trotz allem das Leben schön war, trotz dem gelben Sand von Treblinka.

Ich umfaßte Dinas Schultern. Ich zog sie an mich.

»Was hast du?« fragte sie.

»Das Leben, ich liebe das Leben.«

Dina blieb stehen. Zwischen den Bäumen sah man die Stadt, die sich allmählich erleuchtete. Die Hafenlichter

spiegelten sich in der dunklen Ebene des Meeres.
»Das ist schön«, murmelte Dina. Dann küßte sie mich.
»Es ist das Leben, das so schön ist«, sagte sie.

Das Leben, das wie der Himmel wandelbare Leben, das helle, dann wieder stürmische Leben, das großzügige Leben, dem Frühlingsregen vergleichbar, das wilde Leben, grausam wie ein Wirbelsturm, Leben, das zerstört und schenkt, Leben – man muß es lieben, muß seine Schönheit erkennen und im Sturm seine Sonnenblicke wahrnehmen, seine Größe und seine Majestät, weil es der Mensch und das Universum ist.

Nach meinem Unglück bin ich mehrmals diesen Weg gegangen, den wir an jenen ersten Abenden gingen, Dina und ich. Ich habe jene Augenblicke wiedererlebt, ich habe aufs neue die Lichter der Stadt gesehen. Und ich habe gewagt, es noch einmal zu sagen: »Ich liebe das Leben.« Larry war ein häufiger Gast bei uns geworden. Die Kinder hatten ihren Spaß mit ihm, und er hatte immer eine Geschichte für sie. Sie liefen ihm nach, wenn er hinkend und lachend entfloh.

Nach dem Brand war er einer der ersten, die zu mir kamen, er wagte es, mich aufzusuchen, als so viele meiner Freunde nicht den Mut hatten, sich meinem Schmerz zu stellen. Er kam etwa eine Woche nach dem Brand. War ich allein? Ich fühlte plötzlich den leichten Schlag einer Hand im Nacken, einer warmen Hand. Ich drehte mich um. Es war Larry. Später erfuhr ich, daß er aus Deutschland kam und daß seine Frau fünf oder sechs Tage vergeblich versucht hatte, ihn zu erreichen. Als er es dann erfahren hatte, brach er seine Reportage ab. Er war da, schweigend, mit geröteten Augen, wir standen beieinander und weinten beide.

Dann setzten wir uns einander gegenüber. Ich glaube, daß die Nacht verging. Von Zeit zu Zeit begann Larry zu sprechen. Aber nur, um mich zum Sprechen, zum Erzählen zu bringen. Plötzlich brachen die Dämme in mir, die meine Erinnerungen zurückhielten, die Erinnerungen an das Getto, an den Krieg, an die Toten, die ich in Treblinka mit meinen beiden Händen gehalten hatte, an das Getto, das brannte, den glühenden Zement, und jetzt den Wald, der gebrannt hatte. »Du weißt es nicht, Larry, ich sage es dir.« Ich glaube, es war so, daß ich dann begonnen und nicht mehr innegehalten habe mit Erzählen, bis ich den ganzen Ring durchmessen hatte, vom Krieg bis zum Tod der Meinen. Dann bin ich zusammengesunken, habe vielleicht ein bißchen geschlafen, erschöpft von allem, was ich wieder durchlebt habe. Zerschmettert. Und als ich aufwachte, war Larry da.

»Ich vertraue dir«, sagte er. »Ich hab Vertrauen zu dir, verstehst du, Martin, du wirst am Leben bleiben.«

Er ballte die Fäuste.

»Es ist wieder ein Schlag, Martin, ein Schlag, der dich in zwei Teile spaltet. Aber es ist eben doch das Leben, und du wirst leben.«

Er war aufgestanden und hinkte durch das große Zimmer, das Dina entworfen hatte.

»Du bist mit den Deinen noch einmal gestorben, aber du wirst wieder geboren werden. So will es das Gesetz des Lebens. Wir müssen es respektieren.«

Sechstes Kapitel

Das Leben schwankt immer zwischen Schatten und Helle, Hoffnung und Verzweiflung, Qual und Frieden.
Wer da glaubt, er habe das letzte Hindernis erreicht, täuscht sich: Es gibt immer ein neues Hindernis. Einen weiteren Kampf. Wenn der Kampf aufhört, wenn sich vor uns die leere Ebene erstreckt ohne eine Mauer, die wir übersteigen müssen, dann ist die Stunde für den Tod gekommen.
Schon Geborenwerden ist Kämpfen, Leiden heißt aus der passiven und lauen Weichheit des Schoßes gerissen zu werden. Leiden und Kampf müssen bejaht werden. Sie sind das Leben.

Larry hat mich mehrere Tage lang nicht verlassen. Er war da, stets tätig, er sprach nur dann, wenn er merkte, daß ich eine Stimme brauchte, die jene in mir brüllende Stimme der Verzweiflung erstickte. In diesen Tagen hat er mir die Geschichte seines Vaters erzählt. Er war Holzfäller und kam nach und nach zu Geld, wurde Holzhändler, eine Naturkraft, ein Riese mit gewaltigem Lachen, der jeden Morgen in den Wald ging, um den Einschlag zu prüfen und die Arbeiter zu beaufsichtigen. Dann eines Tages, er muß um die Sechzig gewesen sein, konnte er nicht aufstehen.

»Die Wirbelsäule«, sagte Larry, »eine Art Lähmung.«

Es dauerte Wochen, bis er wieder gehen konnte, dann aber am Stock.

»Er konnte sich nie damit abfinden.«

Er wurde gewalttätig, schleuderte den Stock gegen Spiegel und Fenster und brüllte.

»Er verfolgte mich«, erzählte Larry, »beschimpfte mich als Tintenkleckser, nicht fähig, ihn zu ersetzen. Da bin ich gegangen. Und mein Vater ist bald darauf gestorben. Warum ich dir das erzähle, jetzt?« Wir gingen zwischen den verkohlten Bäumen hindurch. Unter unseren Tritten zerfielen die Baumstümpfe in Asche.

»Warum? Weil ich in diesen Jahren viel an meinen Vater gedacht habe. Mit Gewissensbissen, aber auch, um zu verstehen, selbst zu empfinden, was er gefühlt hat. Und dann kam meine Beinverletzung, die Tatsache, daß ich nicht mehr wie früher marschieren konnte, ein Zufall, der mich meinem Vater näherbrachte. Ich glaube, ich habe im Innern begriffen, was er gefühlt haben muß und wie ich mich nun verhalten sollte. Oder versuchen sollte, mich zu verhalten. Deshalb erzählte ich dir davon, Martin. Mein Vater«, fuhr Larry fort, »fand sich grausam plötzlich vor seinem Alter, es war für ihn ein bloßes Wort gewesen, und unvermutet kam die Unfähigkeit zu gehen, er hat sich nicht angepaßt, er war nicht vorbereitet. Es ist notwendig, daß du es hinnimmst, Martin, um es besser zu überwinden. In deinem Leben waren Menschen, die ein Teil von dir sind und die es nun nicht mehr gibt, und trotzdem muß man weitermachen. Den Tod hinnehmen, das Alter.«

Wie die Sonne beschreibt das Leben eine Kurve.
Eines Tages beginnt es abzusteigen, langsam.
Auf diese Zeit müssen wir uns vorbereiten,
sie bejahen, erkennen, daß diese zweite Hälfte
des Lebens auch Leben ist.

Sechstes Kapitel

Daß sie so erfüllt sein kann wie die erste.
Die Abenddämmerungen
sind schöner als die Morgendämmerungen.
Man muß nur wollen.
Und die anderen und sich selbst
mit seinem inneren Frieden erhellen.

»Hinnehmen?«

Ich lehnte mich auf. Und wenn ich genug hingenommen hatte, wenn ein Mensch eines Tages fühlt, daß er den Weg nicht wieder aufnehmen kann?

»Du bist ungerecht, Martin, ungerecht zum Leben.«

Ich habe gebrüllt, ich habe Larry an den Armen gepackt und geschüttelt. Ich habe von meinen Kindern gesprochen, von Dina und von den Meinen im Getto.

»Du kannst noch nicht dein ganzes Leben erkennen«, hat Larry geantwortet, »es ist angefüllt, zu sehr angefüllt, aber du kennst doch nur einen Teil, und trotz allem geht es weiter, und du mußt weitermachen.«

Wir setzten unseren Weg schweigend fort. Warum kamen mir Gesichter ins Gedächtnis? Warum? Sicherlich durch Larrys Worte. Ich habe an Rivka gedacht, das junge Mädchen, das ich im Getto kennenlernte, Rivka, vom Unwetter weggerissen. Und so viele andere. Meine Wunden waren trotz allem Leben, und ich konnte fortfahren zu handeln, auf die Welt einzuwirken.

»Was hältst du von dieser Stiftung gegen die Zerstörung der Natur?« habe ich Larry gefragt.

Er legte mir die Hand auf die Schulter. »Siehst du«, sagte er, »das ist der Weg, den du einschlagen mußt.«

Das Leben ist zuerst ein Plan, Pläne, die man sich vorneh-
men muß. Was zählt, ist das, was sich in der
realen Welt verwirklicht.
Wirklich ist im Leben, wer handelt.
Denn das Leben ist Bauen, Erbauen, Stein auf Stein, Ge-
danke auf Gedanke, Tat auf Tat; leben heißt sich selbst
wahrnehmen, die Welt wahrnehmen, um sich und die Welt
zu kennen, sich und sie zu verändern.
Um den inneren Frieden zu erlangen,
den einzigen, der Dauer hat.
Um das Leben des Menschen weniger grausam zu machen.
Um mit Hand, Stimme und Blick
denen entgegenzukommen, die danach rufen.

Einige Tage später reiste ich nach Paris. Ich versuchte, meinen Plan anzubringen. Ich begegnete wieder Gesichtern, die mir zu leben halfen. Nicht, weil sie mich von meinem Schmerz ablenkten: Er ist in mir. Und nur ich kenne seine bodenlose Tiefe. Doch weil sie mich verpflichteten, über mich selbst nachzudenken. Über das Leben. Über das, was mir zugestoßen war. Und dann waren da die Menschen, die mir halfen, weil sie mich brauchten. Die mich zwangen, über mich selbst hinauszugelangen, Gedanken zu entdecken, wenn ich zu ihnen sprach, die ich noch nicht gedacht hatte und die mir neu kamen, die ich dank dieser Menschen empfing.

Wir müssen uns Pläne vornehmen, an denen wir wachsen.
Pläne, die das Leben nach oben spannen. Die uns ver-
pflichten, uns eher für den Gipfel als für den Graben zu
entscheiden.

Sechstes Kapitel

Großzügige Pläne machen das Leben großzügig. Und erlauben dem Leben des Menschen, sich zu entfalten. Sich zu erheben.

Ich war gewohnt, mit Dina in Paris in einem Hotel an einem großen Boulevard zu wohnen. Ich weiß, daß es falsch war, und doch bin ich nach dem Unglück dorthin zurückgekehrt. Der Portier war neu. Ein noch junger Mann, der mich erkannte: Mein Bild stand in den Zeitungen. Wir sprachen von der Stiftung Dina Gray, von meinem Schicksal. Wenn ich abends ins Hotel kam, war ich spät dran, denn ich wollte nicht allein sein. »An Ihrer Stelle würde ich die Regierung angreifen, die Schuldigen suchen«, sagte er. Das hat man mir hundert Mal geraten. Aber wieso hätte diese Klage vor einem Gericht meiner viel breiter gespannten Aktion geholfen? Ich antwortete, ich entdeckte die Regeln, die der Mensch anwenden muß, wenn er handeln und sich entfalten will.

Man baut nicht auf gegen jemanden oder gegen etwas. Ein Leben muß, wenn es erfüllt sein soll, nicht gegen, sondern für jemanden oder etwas gelebt werden.
Für.
Weil das Leben eine Ganzheit ist, eine einzige Pflanze. Und wenn man den anderen draußen wehtut, tut man auch sich selbst tief innen weh.

So habe ich die ersten Monate verbracht. Und durch das Tun und durch die anderen bin ich am Leben geblieben.

Das Leben ist ein vom Sturm geschüttelter Baum. Man

muß die Äste mit den Händen umklammern, man muß sich anklammern, bis der Wind, das Unwetter, sich beruhigt. – Falls es sich jemals beruhigt.

Einige Kilometer von uns entfernt wohnte in einer kleinen Küstenstadt ein innig verbundenes Paar. Er war ein magerer kleiner Mann italienischer Abstammung, der beim Reden mit den Händen gestikulierte, sie eine hochgewachsene, aber zierliche blonde Frau aus dem Osten Frankreichs. Wann immer ich sie traf, hielten sie sich bei den Händen. Sie näherten sich mir, und ihr Glück tat mir wohl. Françoise hatte schon eine gescheiterte Ehe hinter sich.

Ich kam aus Paris, setzte mich vor ihren großen Kamin.

»Na, wie geht es voran mit Ihrer Stiftung?« fragte Louis. »Möchten Sie etwas trinken?«

Sie umgaben mich mit Ihrer Zuneigung. Françoise begleitete mich auf dem Rückweg. »Was kann ich tun, Martin? Sagen Sie es mir. Ich schäme mich, so glücklich zu sein bei all dem Unglück um uns her.«

Sie beantwortete Briefe, die an die Stiftung gerichtet waren. Sie gab sich der Arbeit ganz hin. Eines Tages saß sie in einer Ecke meines Pariser Büros. Ich war seit einigen Wochen aus Les Barons fort. Françoise war abgemagert, ich sah, daß ihre Augen gerötet waren. Ich schloß die Tür.

»Louis«, sagte sie. »Die Ärzte wissen nicht, was es ist, vielleicht Krebs. Sie haben mir wenig Hoffnung gelassen.«

In ihrem Leben, in ihrer beider Leben hatte sich ein

Abgrund aufgetan. Der Boden, der so sicher schien wie der, auf dem ich mein Glück zu bauen geglaubt hatte, zerbröckelte plötzlich.

»Wenig Hoffnung«, sagte sie. »Martin, was soll man tun?«

Ich sah sie an. Sie war niedergeschlagen. Mein eigenes Unglück, meine Verzweiflung, die ich sonst zurückhalten konnte, stiegen auf und überschwemmten mich.

Im Leben ist niemals etwas endgültig entschieden.
Man muß auf der Hut sein. Vorbereitet auf den Windstoß.
Imstande, die Schönheit eines Abends zu empfinden, eines Morgens, einer Sekunde. Weil der kommende Tag, die nächste Sekunde schon vom Sturm weggefegt werden können.

»Kommen Sie«, sagte ich, »wir müssen hier heraus, gehen wir.«

Ich war es, der frische Luft brauchte, Licht, um mich wieder zu beruhigen. Ich mußte Menschen auf den Straßen sehen, die offensichtlich leichten Herzens waren, ich mußte mir selbst wieder Vertrauen verschaffen.

Man darf sich nicht umwerfen lassen. Man darf sich vom Unglück nicht anstecken lassen. Man muß es bekämpfen und es nicht noch durch gemeinsam vergossene Tränen nähren.
Was der leidende und sich ängstigende Mensch braucht, ist nicht eines anderen Menschen Schmerzensschrei, sondern eine Stimme, die stärker als seine ist und ihm Mut macht.
Gegen das Feuer kämpfen kann man nicht, wenn man es

nährt oder vor ihm in die Knie sinkt – dann verschlingt es einen.

Draußen, auf den Champs-Elysées, schien die Sonne, wehte ein frischer Winterwind.

»Er lebt noch«, sagte ich, »also muß er gerettet werden. Deshalb dürfen Sie ihm nicht diese Miene zeigen, also müssen Sie Vertrauen fassen.«

Zuerst die Angst aus dem Geist vertreiben. In sich die Ruhe wiederherstellen. Sich sagen, daß es immer noch eine Möglichkeit gibt, die man nutzen kann.
Daß alles Glück der Welt noch möglich ist, solange das Leben noch vorhanden ist.

»Noch steht nichts fest«, wiederholte ich, »nichts. Und selbst wenn es feststände, muß man ihn am Leben erhalten, bis die richtige Behandlung gefunden wird. Man muß alles versuchen, Françoise, alles, und ihn zuerst vor der Verzweiflung schützen.«

Wir gingen in raschem Schritt, ich zog Françoise mit mir. Die Kälte, die Bewegung, das alles gab mir nach und nach den Mut zurück. Ich redete. Ich sah auf zum klaren Himmel. Ich erinnerte mich an meinen Vater: »Man muß die Gelegenheit ergreifen«, sagte er immer, »die erste beste Gelegenheit, Martin.« Doch um diese Haltung einzunehmen, muß man zuerst daran glauben, daß es noch eine Gelegenheit gibt, immer.

Leben heißt nicht,
sich nur dem Lauf des Stroms zu überlassen.
Es könnte sein,

Sechstes Kapitel

daß der Strom eines Tages nicht mehr trägt.
Ein Wirbel könnte uns in die Tiefe reißen
oder uns in den Sumpf schleudern.
Leben ist wissen, wofür man lebt.
Leben ist leben wollen.
Leben ist an das Leben zu glauben.

Françoise hielt mich plötzlich an.
»Genug, Martin, genug.«
Sie wirkte müde, erschöpft.
»Ich weiß, daß er keine Chance hat, ich fühle es, ich sage Ihnen, ich fühle es. Wozu soll es also gut sein, ihn noch leiden zu lassen, mich leiden zu lassen?«
Diese Worte, die mit entschlossener Stimme vorgebracht wurden, trafen mich, drangen in mich. Ich hatte ihren Blick vermieden, um meine Kraft anderswo wiederzufinden, im Licht des Himmels, in den Gesichtern vorübergehender Unbekannter. Sie durfte mich nicht mit hinabziehen, wie ein Schwimmer, der am Ertrinken ist, seinen Retter umklammert und ihn mit sich ertränkt. Ich packte sie an beiden Armen.
»Schweigen Sie, schweigen Sie, Sie können nicht, Sie dürfen das nicht denken, auch nicht eine Sekunde. Schweigen Sie.«

Der Gedanke kann ein Keim des Lebens oder des Todes sein.
Er muß Keim des Lebens sein.
Man muß mit sich kämpfen, die schwarzen Gedanken aus sich treiben, die den Geist wie ein hartnäckiger Nebel verdunkeln.

Der Gedanke muß zur Stütze des Lebens werden, Quelle des Lebens. Wir müssen wollen, daß helle Gedanken entstehen.
Und wenn man es nicht kann, wenn eine Zeitlang die Kraft dazu fehlt, dann muß man sich zu denken weigern, muß sich mit Geräuschen und Bildern, mit Bewegungen und Stimmen betäuben. Man muß sich selbst helfen können, zu leben. Und manchmal den Mut zur Flucht haben. Das Denken darf kein Gift sein. Man darf das Leben weder mit Worten noch mit Gedanken verneinen.

Ich habe Françoise in ihr Hotel gebracht. Unterwegs sprachen wir kaum. Ich hatte ihren Arm genommen, ich versuchte, ihr Mut zu machen, sie sollte fühlen, daß ich bei ihr war. Nicht nur mit Worten, sondern daß ich ihre Unruhe wirklich in mir hatte.

Leben heißt teilnehmen.
Nicht in sich eingeschlossen sein.
Das eigene Leben der Welt öffnen.

»Martin«, sagte sie, als wir uns trennten, »ich werde tun, was notwendig ist. Ich will beten. Ich kann stark sein.«

Ich habe die beiden oft besucht. Louis, der sich nur mit Mühe fortbewegte, Françoise, die bei ihm war. Sie hielt seine Hand. Sie sprach so gelassen, als habe sich die Sonne nicht versteckt, als läge der Weg immer gerade vor ihnen. Die Ärzte kamen. Einer von ihnen, den ich gut kannte, vertraute mir eines Tages an: »Sie ist ein ungewöhnlicher Mensch. Ich hätte nie geglaubt, daß sie zu solcher Selbstbeherrschung imstande sei.«

Sechstes Kapitel

»Françoise selbst stellte sich auch nicht vor, daß sie es schaffen könnte.«

Man glaubt niemals genug an sich.

Man weiß nie, welche Kraft die Quellen des Lebens haben.
Doch leben heißt die Mauern zu überwinden wagen,
die man vor sich selbst errichtet.
Heißt wagen, die Grenzen zu überschreiten,
die man sich setzt.
Leben heißt immer darüber hinauszugehen.

Ich hätte dem Arzt so viele Geschichten von Männern, Frauen und Kindern erzählen können, die der Krieg zwang, über sich selbst hinauszuwachsen, die der Folter, der Erschöpfung, dem Hunger, der Angst widerstanden. Unzählige Helden. Einfache Leute. Ich war manchmal versucht gewesen, Nicole, meiner ältesten Tochter, einige dieser Geschichten zu erzählen. Diese Kinder im Getto, jünger als ich, die von Dach zu Dach, von einer Ruine zur anderen liefen, um Botschaften oder Waffen zu überbringen. Dann sah ich Nicole an, ermaß ihr ruhiges Glück. Warum ihr davon erzählen? Die Zeit dazu würde noch kommen.

Die Zeit wird nicht kommen.

Ich bleibe bei meinen Erinnerungen, aber sie helfen mir. Mir hilft das schattenhafte Bild des todgeweihten Mannes, der noch die Kraft fand, hinzulaufen und ein Kind an sich zu reißen, das sonst mitten auf einer Straße im Getto von einem brennenden Mauerstück erschlagen worden wäre. Woher hatte er diese Kraft – wenn nicht aus dem Geist?

Der Geist, der Wille, das Denken können die Kräfte des Lebens vervielfachen.
Um zu können, muß man zuerst wollen.
Es ist der Wille, das Denken, diese unsichtbaren Mächte, die es uns ermöglichen, das Leben mit beiden Händen zu packen. Und deshalb müssen wir über unserem Denken wachen: ihm gemäß leben, dem Geist gemäß. Denn man kann nicht lange, ohne Schaden zu nehmen, gegen sein Denken leben.
Wenn wir es tun, richtet es sich gegen uns. Wie der Stachel des Skorpions kann es eine unbezwingliche Waffe sein oder sich gegen uns selbst richten.
Es zu kennen, zu beherrschen, zu achten, zu nutzen – das ist das große Abenteuer des Lebens.

Der Arzt sprach. Über Louis' Aussichten auf Überleben, über Françoise.

»Sie bringt es fertig, zu lächeln, und glauben Sie mir, das ist nicht leicht.«

Dann faßte er sich: »Entschuldigen Sie, sicherlich wissen Sie, wie hart das ist.«

Er schwieg einen Augenblick, zündete sich eine Pfeife an. »Ich glaube, daß sie viel betet. Darin liegt Kraft.«

Hatte ich jemals gebetet? Ich hatte nicht die Zeit gehabt, die richtigen Gebete zu lernen, Wort an Wort zu fügen, wie es die Menschen tun, wenn sie sich an Gott wenden. Hatte ich überhaupt an Gott gedacht in meiner vom Krieg durchtobten Jugend und dann in meinem Lebenskampf in den Vereinigten Staaten? Aber ich habe Gläubige Menschen ermorden, sie der Barbarei ausliefern se-

Sechstes Kapitel

hen. Gläubige Katholiken und Juden verloren die Hoffnung. Und ich habe Menschen ohne religiösen Glauben kennengelernt, die ihr Leben anderen opferten, die ihre Zuversicht nicht verloren: Eines Tages, sagten sie, wird die Gerechtigkeit herrschen. Deshalb lege ich nicht viel Wert auf auswendig gelernte Gebete, auf den zur Schau getragenen Glauben an Gott.

Es gab im Leben einen geraden Weg, aus welchen Gründen man ihn auch befolgte, und es gab die gewundenen Wege, die Straßen der Selbstsucht und des Verrats, und sie wurden nicht besser dadurch, daß man sie mit großen Worten ausschmückte oder unter Proklamationen von Großzügigkeit oder Treue zu Gott verbarg.

Es ist das Tun, das ein Leben ausmacht und richtet. Nicht die Worte, nicht die Absichten.
Doch ein Wort, ein Gedanke kann eine Tat hervorrufen oder sie verhindern. Man muß die Gedanken und die Worte bewachen.
Sie sind Zerstörung oder Tatkraft.
Sie lassen zerfallen oder sie vereinen.
Ein Wort, ein Gedanke kann im Leben eine Tat sein.

Ich besuchte Françoise und Louis oft. Er saß in einem Sessel vor dem Fenster mit dem Blick auf einen kleinen Yachthafen. Er war sehr zusammengesunken. Françoise lächelte.

»Es geht ihm besser«, sagte sie.

Sie sprach mit sicherer Stimme, ihr Gesicht drückte Sicherheit aus.

»Ich bin glücklich über diese Warnung, wir haben jetzt noch besser begriffen, wie sehr wir uns lieben.«

Sie lachte. Ich bemühte mich, mit ihr zu lachen. Sie war verändert. Bis zur Krankheit von Louis hatte mich Françoise manchmal geärgert mit ihrer Betonung des Konventionellen. Sie spielte die Frau von Welt. Wenn sie Dina und mich empfing, bemühte sie sich, uns zu verblüffen. Was sie vor der Lächerlichkeit rettete, war die Liebe, die sie Louis entgegenbrachte und die er erwiderte. Ihre Freundschaft nach dem Brand und Dinas Tod hatten mir andere Seiten ihres Wesens enthüllt, unter der gespielten schönen und edlen Haltung fühlte ich die Echtheit ihrer Gefühle.

Jetzt aber lernte ich sie ganz kennen. Tapfer, würdig. Nüchtern und aufrecht. Als ob das Unglück, die Prüfung die Verzierungen abgeschlagen hätten, so daß der edle Bau der Persönlichkeit sichtbar wurde.

Sie erinnerte mich an eine Bäuerin in Polen, irgendeine. Sie war hart und trocken, wie mir schien. Ich lernte sie kennen, als ich nach Warschau zurückkehrte. Sie hatte mir, mit deutlichem Widerwillen, Brot verkauft. Ich hätte gern mit ihr allein, auf der Schwelle ihres Hauses, ein paar Worte gewechselt, sie aufgerüttelt, sie um Hilfe gebeten.

Ihr rundes Gesicht, die grauen Augen, das Kind, das sich an ihren langen schwarzen Rock klammerte, das Kreuz, das sie trug, die rasche Bewegung, mit der sie das Geld nahm, das ich ihr hinhielt. Ich erinnere mich: Ich war zerlumpt, schmutzbedeckt, mein Blick fiebrig. Sie ergriff rasch das Geld, stieß mich zurück und schloß die Tür. Ich bin wieder gegangen, traurig, auch wütend. Ich hielt diese Frau für hart, verurteilte ihre Gleichgültigkeit, ihre Selbstsucht. Doch einige Monate danach traf ich sie wieder in einem Wald, wo sie mit den Partisanen kämpfte. Die Deutschen hatten ihr Dorf niedergebrannt, sie wußte nicht, wo ihr Kind und ihr Mann geblieben waren. Sie war hier. Sie hielt sich aufrecht. Ich erkannte sie an den grauen Augen. Ich sprach ein paar Worte mit ihr, sie erinnerte sich nicht an mich, aber sie sagte: »Ich durfte Ihnen nicht viel helfen. Ich wußte nicht, ich wußte gar nichts. Aber ich habe gelernt. Und ich bitte Sie um Verzeihung für jenen Augenblick.« Sie fügte hinzu und bekreuzigte sich: »Ich werde für Sie beten.«

Dann ging sie, würdig und aufrecht, zu ihren Kameraden zurück.

Das eigene Unglück hatte sie zugänglich für die anderen gemacht.

Und da waren all die anderen. Diejenigen, die gezwungen waren, im Getto zu leben. Binnen zwei oder drei Wochen waren sie aus dem Frieden, vielleicht aus reichen Verhältnissen, in die Hölle, in den Hunger geraten. Und nun fielen die Masken, sie legten bloß, was wirklich war. Die einen wurden zu Raubtieren, die für ein Stück Brot töteten und ihre Verwandten ans Messer lieferten, um selbst einen Tag länger zu leben, die anderen waren vielleicht gestern noch Verbrecher gewesen, jetzt wurden sie zu Helden, die ihr Leben opferten. Die Prüfung zwang die Menschen, wie sie nun Françoise zwang, ihr wahres Gesicht zu zeigen.

Die Prüfung ist der Augenblick der Wahrheit im Leben. Vorher weiß man niemals alles von einem Menschen. Dann kommt der Wirbelsturm: Bäume stürzen, manche, die man für stark hielt, beugen sich, ergeben sich, und andere, die man für schwach hielt, richten sich wieder auf. Die Prüfung ist erbarmungslos: In ihr erkennt man die anderen, aber auch sich selbst. Diejenigen, die nichts sind, zerfallen, selbst wenn sie ein Marmorgesicht gezeigt hatten. Und im Leben kommt immer eine solche Prüfung.

Manchmal ging ich mit Françoise die Uferpromenade entlang. Wir sprachen nicht von Louis, wir sprachen nicht von meinen Toten. Jeder mußte auf seine Weise ausharren.

Wir wandten uns der Zukunft zu. Françoise, diese Hoffnung, die sie beseelte, dieser Kampf, den sie gegen die Krankheit führte.

»Ich versuche, mich an das Heute zu halten«, sagte sie. »Wenn ich an alles denke, was wir erhoffen, bezieht es sich auf wenige Monate.« Und ich? Und sie, die in die Vernichtungslager geführten Menschen? Ich erkannte schnell, im Laufe eines Tages – in Treblinka war ein Tag so lang – diejenigen, die eine Zeitlang überleben würden.

Sie wandten sich nur der Gegenwart zu. Sie blickten nicht zurück auf das, was ihr Leben gewesen war.

Andere dagegen (und nicht nur alte Leute), die den ersten Hinrichtungen entgangen waren, hatten ausdruckslose Augen. Sie sahen die Gegenwart nicht, sie versuchten nicht, die winzige Möglichkeit zu ergreifen, die ihnen

Sechstes Kapitel

vielleicht die nächste Stunde bot. Sie lebten in der Vergangenheit: Vielleicht war das in Treblinka eine Lösung, eine Art, aus der Hölle in den Tod zu fliehen.

Doch diese Krankheit habe ich nicht nur in der Hölle erlebt. Die junge Frau, die ich in New York kennenlernte. Sie handelte mit Antiquitäten und hatte einen Laden in der Third Avenue, in der Nähe des meinen. Der Laden hatte ihren Eltern gehört, und mit ihnen hatte Jenny zusammen gearbeitet. Dann waren sie, wie es das Gesetz des Lebens will, gestorben, aber Jenny konnte sich nicht damit abfinden.

Ich war in ihren Laden gekommen, um ein paar Gegenstände anzubieten. Ich fand sie hinten im Lager, die Ellbogen auf einen Tisch mit Intarsien gestützt, das Kinn in den Händen. Ihre ausdruckslosen Augen sagten mir, daß sie in der Erinnerung lebte. Wir sprachen miteinander. Abends kam ich zurück. Ich fand sie schön und traurig. Ich dachte, es sei vergeblich, sei unerhört, sein Leben so in der Betrachtung einer nie wiederkehrenden Vergangenheit zu vergeuden. Ich versuchte, sie mitzuziehen, sie auf eine meiner Reisen nach Europa mitzunehmen. Jenny schüttelte den Kopf.

»Nein wirklich, wozu soll das gut sein? Sie müssen wissen, ich habe kein großes Interesse mehr. Wozu die ganze Anstrengung?«

Ich fand sie schön, ich hoffte, mit ihr eine Beziehung anknüpfen zu können, die uns beiden Freude machen würde. Ich ereiferte mich.

»Ich versichere Ihnen, Mister Gray, ich muß meine Schwester in Oregon besuchen. Das möchte ich lieber.«

Sie wollte dem Sumpf der Erinnerungen nicht entkommen. Ihr Vater, ihre Mutter, ihre Schwester: Sie liebte sie. Wer liebt nicht seine Angehörigen! Aber die einen waren tot, die Schwester in Oregon verheiratet. Also wozu?

»Reißen Sie sich doch zusammen!«

Ich ereiferte mich. Aber mir begegnete nur dieser passive Blick, der das Leben ablehnte. Eines Tages blieb der Laden geschlossen. Jenny war nach Oregon gefahren. Sie ist niemals wieder nach New York zurückgekommen.

Begraben unter ihren Erinnerungen.
Man darf sich nicht der Vergangenheit zuwenden,
sondern muß sein Leben auf die Zukunft richten.
Denn das Leben ist ein Fluß,
der in die Zukunft fließt und sich nicht aufhalten läßt.
Darum muß das Morgen wichtiger sein als das Gestern.
Sich an die Vergangenheit zu klammern
heißt im modernden Seetang steckenzubleiben,
der den Mut zum Leben lähmt, tötet.
Und man ertrinkt.
Man muß sich mitten im Strom halten. Wissen, daß das Heute aus der Vergangenheit wächst und in die Zukunft zielt. Wir müssen es verstehen, uns dem Lauf des Lebens anzupassen: Gestern ist gewesen, das Gestern ist die Wurzel, doch die Früchte des Baums reifen heute und werden morgen geerntet.

Ich habe das alles in mir gefühlt, als ich in Paris das Hotel bezog, in dem ich mit Dina gelebt hatte. Ich wohnte dort, aber es war so falsch, wie Jenny falsch gehandelt

Sechstes Kapitel

hatte, es war falsch, sich unaufhörlich mit der verschwundenen Vergangenheit auseinanderzusetzen, falsch, mir vorzustellen, daß ich auf diese Weise den Meinen die Treue hielt.

In Wahrheit krümmte ich mich zusammen wie eine kranke Pflanze. Nachts im Hotelzimmer, in das der Lärm von draußen drang, konnte ich kein Auge schließen. Die Vergangenheit kam in Wellen, erstickte mich. Ich drehte das Radio an, um ihr zu entfliehen. Vergeblich, denn in diesem Zimmer war ich mitten in ihr. Eines Nachts, als ich es nicht mehr aushielt, ging ich aus und wanderte die Boulevards entlang. Ich glaube, daß ich in dieser Nacht den Entschluß faßte, Dina und unsere Kinder nicht zu vergessen, mich aber auch nicht von der Verzweiflung über ihren Verlust ersticken zu lassen. Ich mußte das Gegenteil tun: vorwärtsgehen. Ein neues Leben aufnehmen.

Sich zu wandeln, neu zu beginnen, muß nicht heißen, daß man etwas verleugnet, sondern daß man über sich hinauswächst.

Einige Tage später starb Louis. Ich kehrte so schnell wie möglich nach Les Barons zurück. Dann fuhr ich in die kleine Küstenstadt, in der sie wohnten. Françoise war daheim, in einem Haus, das auch gestorben zu sein schien. Ich zwang sie, das Zimmer zu verlassen, in dem sie die letzten Monate an Louis' Seite verbracht hatte. Sie fügte sich und weinte nur leise. Dann habe ich sie zu Freunden nach Paris gebracht. Als wir uns wiedersahen, war einige Zeit vergangen. Die Zeit löscht nichts aus, aber sie zwingt uns, einzugestehen, daß der geliebte Tote nicht wiederkehrt, daß sein Tod kein Alptraum ist, der mit dem Morgen verweht. Françoise und ich haben uns ruhig unterhalten. Jeder sprach von seinem Kummer. Und bejahte das Leben so, wie es nun einmal ist.

»Was wollen Sie tun?« fragte ich.

»Was tun Sie?« fragte sie zurück. Über meine Verwunderung lächelte sie.

»Ich will damit sagen, daß ich mich nicht in mich selbst zurückziehen möchte. Wissen Sie, ich glaube, in den Monaten, als ich bei Louis wachte, habe ich vieles gelernt, über ihn, über mich, über Sie. Ich glaube, wir lebten wie Pflanzen in einem Treibhaus. Wir liebten einander, das ist wahr, aber die anderen, die Welt, was wußten wir davon? Wir hatten uns zurückgezogen, Martin, und vielleicht waren auch Sie mit Dina und den Kindern zu sehr in Ihr Glück eingeschlossen. Ich will nicht, daß mich nun das Unglück umschließt. Ich will hervorkommen, Martin.«

Sie hatte meine Hand genommen.

»Ich werde es versuchen«, sagte sie.

Es war Françoise, von der ich lernte. Ich sah sie an, sie war eine andere geworden. Tapfer und entschlossen.

Das Leben: Jeder von uns macht neue, persönliche Erfahrungen. Und aus jeder Erfahrung, sei sie hart oder sanft, muß der Mensch etwas Gutes machen.
Kein Ereignis in unserem Leben ist völlig sinnlos.
Kein Tag, keine Prüfung ist unnütz.
Freilich darf man sie nicht wie gebannt, unbeweglich anstarren wie die Beute eine Schlange, sondern muß sie nutzen, um weiterzukommen.

Sechstes Kapitel

Wohin?
Diese Frage habe ich mir oft gestellt. Während des Krieges ging es um meine Rache, ich wollte nach Berlin. Dann, in den Vereinigten Staaten, strebte ich nach Vermögen und Glück. Was war jetzt mein Ziel? Ich selbst? Die anderen?

»Françoise, ist es wichtig für Sie, daß Sie aus sich herauskommen?«

»Zunächst: nicht nachgeben, nur nicht nachgeben. Mir scheint, daß ich im Gleichgewicht bin. Auf der einen Seite ist eine Art Abgrund, und manchmal möchte ich hineinstürzen. Was auf der anderen Seite ist, weiß ich nicht. Aber das Leben ist dort. Also klammere ich mich daran. Ich versuche, vom Abgrund fortzukommen.«

In jedem Leben kommt ein Augenblick, wo sich für uns, neben uns, in uns ein Abgrund öffnet. Leben heißt, daß es uns gelingt, nicht hineinzustürzen. Leben heißt, daß man ihn sehen und sich von ihm entfernen kann.
Leben heißt vorangehen: wachsen, sich im Glück entfalten, aber auch lernen, aus dem Unglück eine Lehre zu ziehen.
Aus den Zeiten der Dürre, aus den Tagen des Sturmes müssen wir Mittel und neue Kräfte gewinnen, um uns zu erproben. Um uns zu erheben – nicht über die anderen, aber über uns selbst. Leben heißt sich voll entfalten. Ganz das zu werden, was man ist.

Ich habe Françoise damals nicht wiedergesehen, aber später erfahren, daß sie Kurse in Krankenpflege besucht hatte und mit einer Mission zur freiwilligen Hilfe in einem asiatischen Land aufgebrochen war. Mein Freund, der Arzt, der mir darüber berichtete, fügte hinzu:

»Das ist eine Flucht. Es ist psychologisch nicht ganz vernünftig, eine Art Selbstmord, aber schließlich doch besser, weil man davonkommt.«

»Und ich, Doktor, wovor fliehe ich? Und Sie?«

Ich sprach ziemlich heftig. Begriff er, daß er redete, als ob er nur eine einzige Art zu leben anerkannte, eine individualistische, selbstsüchtige, und daß es auch andere Wege gibt, die ungewöhnlich sein mögen, aber viel großzügiger sind?

»Wenn sie nun wollte, daß ihr Leben einen Sinn hätte, einen neuen Sinn...«

Der Mediziner stand auf. »Vielleicht«, sagte er, »wenn es ihrem tiefsten Innern entspricht und nicht nur äußerlich ist, wenn sie nicht nur einer Regung des Mitgefühls nachgegeben hat und auf das verzichtet, was für sie wirklich wichtig ist, dann...«

»Man muß abwarten, Doktor. Ich hoffe, ich glaube, daß sie entdeckt hat, was in ihren Augen wichtig ist.«

Leben heißt wissen, was im Leben vor allem wichtig ist. Was man an die oberste Stelle setzt. Man muß die Rangfolge ordnen, die für jeden eine andere ist. Man muß die eigene finden. Nicht die der anderen übernehmen. Seinen eigenen Weg entdecken. Und sich davon überzeugen, daß man ihm folgen muß: Denn das Leben, dem man sich verweigert hat, das Leben, das man in sich besäß, aber erstickt, wird Tag für Tag mehr zu einer zerstörenden Gewalt, die wie ein immer breiterer Strom die Persönlichkeit unterhöhlt, jedes mögliche Glück vernichtet. Die Zukunft erstickt, weil man das verfehlte Leben beklagt.

Françoise hat ihren Weg gefunden, ich weiß es, weil ich sie wiedersah, abgemagert, aber verjüngt. Sie kam nach der Rückkehr von ihrem ersten Einsatz in das Pariser Büro der Stiftung, und sie fragte mich:

»Also, Martin, wie geht es Ihnen?«

Sie machte sich Gedanken um meine Stiftung.

»Das ist wichtig, Martin. Sie haben etwas geschaffen. Man muß weitermachen.«

»Aber Sie, geht es Ihnen gut?«

Sie schwieg. Dann sagte sie: »Ich habe da unten viel gelernt.« Sie brachte ein Lächeln zustande. »Mehr. Ich hatte schon viel gelernt durch Louis' Krankheit und Tod. Ich habe eine neue Art des Lebens gefunden, und ich glaube, daß sie mir entspricht.«

Sie berichtete mir von der Arbeit ihrer Gruppe, vom Elend der Flüchtlinge. Sie sprach gelassen, als habe sie Erfüllung gefunden. Frieden.

Leben heißt seine eigene Welt schaffen, Frieden finden. Und der Friede ist für jeden ein anderer. Friede kann aus dem Unglück aufsteigen, wenn man es überwindet. Jeder kann ihn erreichen. Doch man muß ihn wollen. Wissen, daß sich der Friede nur dann einstellt, wenn man sich mit anderen verbindet, ganz gleich ob als Familie oder als Gruppe, durch Gespräche oder nur in Gedanken. Doch Verbindungen sind nötig. Es gibt für den einzelnen Baum keine Erfüllung. Der Wald gibt dem Baum seinen Sinn und seine Kraft.

Ich war glücklich über Françoise Sieg. Ich kehrte nach Hause zurück, etwa zehn Kilometer von Paris entfernt, denn ich hatte das Hotel, in dem mich die Vergangenheit erstickte, aufgegeben. Wo ich nun wohnte, hatte ich einen Garten, ein paar Bäume. Die Stille und manchmal die Geräusche, die der Wind macht.

Ich habe mich im Gras ausgestreckt. Der Himmel war nicht derselbe wie in der Provence. Hier war er voller Schattierungen, Abwechslungen. Wolken und Sonnenblicke. Wie das Leben. Kinder schlugen mit ihren Linealen auf Grillroste. Ich hörte sie lachen, schreien, sich beschimpfen. Sie waren das Leben in seiner der Zukunft zugewandten Kraft, das Leben in seiner Freude.

Denn Leben heißt mit Freude in der Welt sein.
Die Freude wollen. Sie bewahren.
Sich vom grauen Gras der Traurigkeit
nicht überwuchern lassen.
Leben heißt sich zum Handeln verpflichten.
Leben heißt man selbst sein:
Widerstehen und lieben.
Bejahen und verneinen.
Leben ist Schaffen.
Leben heißt schöpferisch sein.

Die Abgründe,
in die der Mensch fällt

Ich kannte Marc seit einigen Monaten. Er war braun, zierlich, hatte ein scharf geschnittenes Gesicht und wurde oft für einen Spanier gehalten wegen des tiefschwarzen Haars, das glatt über seiner bleichen Stirn lag.

Ich hatte ihn zur Mitarbeit bei der Stiftung angestellt, weil er Beziehungen zu Pressekreisen und zur Öffentlichkeit hatte. Als ich meine Aktion in der Öffentlichkeit vortrug und bei der Regierung vorbrachte, brauchte ich die Unterstützung von Journalisten.

Eines Tages, kurz nachdem mein erstes Buch erschienen war, kam er in mein Arbeitszimmer mit einer Mappe voller Artikel über das Buch und mein Schicksal. Er öffnete sie, überall fettgedruckte Titel, Fotos.

»Das ist doch ungewöhnlich, nicht wahr?« meinte Marc. »Jetzt sind Sie berühmt, überall kennt man Sie.«

Es kam sogar vor, daß man mich auf der Straße ansprach. Ich war drei oder vier Mal im Fernsehen erschienen, und das genügte: Es schien den Leuten auf der Straße, die mich ansprachen, das Recht zu geben, von den Meinen und ihrem Unglück zu reden, mir Unterstützung anzubieten. Zuerst reagierte ich gereizt, gequält wie ein krankes Tier, das man aufschreckt. Doch dann erkannte ich in der etwas ungesunden Neugier meistens Mitgefühl. Ich nahm es also hin. Wenn ich Zeugnis ablegen, wenn ich die Öffentlichkeit dabei erreichen wollte, mußte ich das Spiel mitmachen.

»Das ist der Ruhm«, sagte Marc. »Sie haben ihn mit einem einzigen Schlag errungen, das müssen Sie sich einmal klarmachen, Schriftsteller, auch ersten Ranges, haben niemals so viele Artikel bekommen.«

Er zeigte mir, daß die größte Pariser Abendzeitung eine ganze Seite dem Bericht widmete, den sie als meine »Abenteuer« bezeichneten.

»Der Ruhm«, sagte Marc noch einmal.

Er sprach mit der Unbefangenheit eines jungen Mannes, der den Schmerz nicht kennt. Zweifellos merkte er, daß ich seine Begeisterung nicht teilte. Er schloß die Mappe und ging.

Der Ruhm? Bekannt zu sein? Ich hatte es mit Blut bezahlt. Wie konnte sich Marc vorstellen, daß diese verschiedenen Blätter, dieses bedruckte Papier, das sich Zeitung nannte, wie konnte er nur annehmen, daß dieses Zeug hier mich auch nur einen Augenblick lang mit Freude erfüllen würde! Sicher, ich hatte alles Notwendige getan, damit man von dem Buch sprach. Und die Journalisten hatten mir mit ihrer Freundschaft, ihrem Verständnis geholfen.

Aber der Wunsch nach Ruhm, nach Berühmtheit war ein Abgrund, in den ich nie zu springen gewagt hätte. Niemals.

Und das nicht nur wegen meines Unglücks, sondern weil ich erkannt hatte, daß der Abgrund keinen Grund hatte, eine Täuschung war. Als ich in der sowjetischen Armee kämpfte, als man mich kurz vor unserem Einzug in Berlin mit einigen Kameraden vor der Front auszeichnete, habe ich gemerkt, daß die Auszeichnung auf mich nicht wie anregender Alkohol wirkte. Ich erinnere mich noch an Boris, einen Jungen mit blonden Locken, der wie verwandelt von der Ordensverleihung zurückkam. Ich merkte, wie das Gewicht des roten Sterns auf seiner Brust den Mann zerdrückte, der er gestern gewesen war. Er hob das Kinn, er warf sich in die Brust.

»Verstehst du«, sagte er, »jetzt sind wir nicht mehr Offiziere wie alle anderen.«

Er redete laut. Er trank nicht mehr mit den Männern. Er drohte oft. Als wir vor Berlin kamen und in den Trümmern kämpften, setzte er sich unnötig der Gefahr aus, befahl aber auch seinen Soldaten, ungedeckt vorzurücken. Er wollte der erste sein, und es waren die Toten seiner Kompanie, die ihn endgültig zum Helden machten. Er glaubte, sein Ziel erreicht zu haben.

Doch wer aus dem Ruhm und der Meinung der anderen sein Lebensziel macht, kann nie aufhören, wird immer wie ein durstiger Hund hecheln. Er findet niemals Frieden. Denn der Ruhm, die Meinung der anderen über ihn ändern sich wie Wolken an einem stürmischen Himmel.

Ich habe damals aufgehört, Boris aufzusuchen. Er war im Getriebe gefangen, er brauchte den bewundernden und komplizenhaften, den heuchlerischen und servilen Blick der anderen wie ein Süchtiger seine tägliche Dosis. Dafür war er zu allem bereit. Ich habe erfahren, daß er sehr rasch in die UdSSR zurückkehrte und in den Sicherheitsdienst eintrat. Er muß einer dieser Polizeileute geworden sein, die Unschuldige verhafteten und anklagten. Um ihre eigene Beförderung, ihren Ruhm, ihren Griff nach den höchsten Auszeichnungen zu sichern.

Das Streben nach Ruhm, der Ehrgeiz, die Lust an der Macht und der Autorität sind wie Wunden, die sich ver-

Siebtes Kapitel

größern, eine zehrende Krankheit, die nach und nach die Persönlichkeit zerstört. Denn das Gleichgewicht seines Lebens muß man in sich selbst errichten. Durch sich. Alles andere ist zerbrechlich, ungewiß, flüchtig. Der Ruhm und der Ehrgeiz (wenn es nicht der Ehrgeiz ist, anders zu werden, in sich, für sich) sind wie Geschwüre. Krankheiten des Menschen. Abgründe, in denen er verlorengeht.

In New York hatte mich Dina mit Jane bekannt gemacht, einer jungen Frau, die für meinen Geschmack etwas zu laut und auch zu oft lachte. Sie war Mannequin, wie Dina es gewesen war, sie ging von einem Abenteuer ins andere, vom Besitzer eines Modehauses zu einem Chefredakteur. Sie hatte Erfolg: Ihre Fotos überschwemmten die Zeitschriften. Gelegentlich gab man ihr eine kleine Rolle und versprach ihr ein aufsehenerregendes Debut in einem Musical. Eines Abends gingen wir alle drei zum Essen in ein chinesisches Restaurant am Broadway. Jane lachte laut auf, sie hatte auf dem Tisch eine Zeitschrift aufgeschlagen.

»Dina, sieh nur! Martin, Sie wissen nicht, was das in unserem Beruf bedeutet.« Es war eine farbige Doppelseite von der halbnackten Jane auf einer weißen Felldecke, Jane mit entblößten Brüsten.

»Du bist doch nicht eifersüchtig, wenn Martin das sieht?« fragte sie Dina lachend.

Ich sagte nichts. Im Verlauf solcher Abende entschloß ich mich, New York zu verlassen, mich weit von dieser Stadt niederzulassen in einem Land, wo Dina und ich in einem neuen Leben unsere Freunde aussuchen und wo wir – und vor allem die Kinder, die uns geboren werden sollten – dieser Welt der falschen Werte entkommen würden.

Jane redete viel an jenem Abend. Ihre Pläne, ihr Aufstieg zum Ruhm, der nun begann. »So rasch und so aufregend«, sagte sie. Manchmal antwortete Dina auf den Wortschwall mit einer Stimme, in der ich etwas wie Schrecken aufsteigen hörte:

»Jane, bist du auch ganz sicher? Wenn das alles nichts wird, dann steht dir vermutlich eine große Enttäuschung bevor. Sei vorsichtig, denn jetzt wäre alles so einfach, weil Harold dich heiraten will. Du weißt nicht, was das Richtige ist...«

Jane lachte wieder. Harold war ein sehr begabter Werbezeichner, der Jane trotz all ihren Phantastereien treu liebte, sie heiraten und ein anderes Leben mit ihr beginnen wollte.

»Harold – aber Dina, dann wäre meine Karriere zu Ende. Er würde mich ersticken mit Rosen der Liebe, aber eben ersticken.«

Wir haben Jane nach Hause gebracht. Sie bat dringend: »Trinkt doch noch ein Glas bei mir.«

Wir stiegen die Treppen hinauf. Sie bewohnte eine kleine, ganz mit großen Fotos von ihr dekorierte Wohnung, auf den Tischen, auf dem Bett türmten sich Zeitschriften. Sie gestikulierte heftig. Sie zeigte uns die Bilder.

»Weißt du noch, Dina, damals warst du noch bei uns, das war... Sag es nicht, ich will es nicht wissen. Diese Jahre, die dahingehen...!« Plötzlich war sie ernüchtert.

Siebtes Kapitel

Als wir aufstanden, obwohl sie uns immer wieder zum Bleiben aufforderte, schien sie fassungslos.

»Geht doch noch nicht.«

Es wurde sehr spät, fast dämmerte es schon. Sie lachte, als wollte sie sich entschuldigen.

»Ich hasse es, allein zu sein. Ich liebe die Wärme der anderen. Deshalb wollte ich immer arbeiten. Zum Glück...«

Sie zeigte wieder auf die Fotos an den Wänden.

»Zum Glück beruhigt mich das alles. Ich sehe, daß ich noch ganz lebendig bin, ich sehe mich.«

Die Leere in einem selbst, die Furcht vor sich selbst, ein Baum, von dem nur die Rinde übrig bleiben wird, die Seele fehlt – das alles führt zum Streben nach Ruhm, nach geräuschvollen Ehrungen, nach dem Getuschel um die Berühmtheit. Aber all das genügt niemals, das gewaltige Grollen innerer Leere zu übertönen.

Also versucht man, es durch noch mehr Ruhm, noch mehr Ehrungen, eine noch geräuschvollere Berühmtheit zu überdecken. Doch im selben Rhythmus wächst die innere Leere.

Und es kommt die Zeit, früher oder später – das hängt vom Zufall ab, und sie mag in der zweiten Hälfte des Lebens beginnen oder auch erst im Alter – es kommt die Zeit, wo die Leere am stärksten ist: Hier stehst du vor dem Abgrund, den Ruhm, Berühmtheit, Ehrgeiz niemals ausfüllen konnten, sondern vielmehr Tag um Tag noch vertieft haben.

Dina und ich fuhren nach Frankreich, bevor wir Jane wiedersahen. Nachdem Les Barons erworben war und als unsere künftige Festung ausgebaut wurde, kehrten wir nach New York zurück, wo Nicole geboren wurde. Dina rief Jane an. Ich saß und sah Dina zu, stellte mir, wenn sie schwieg, Janes übertriebene Ausrufe und ihr Gelächter vor.

Dina hielt an sich, sie schien müde.

»Ich glaube, Jane geht es sehr schlecht«, sagte sie.

Ich wunderte mich. Ich hatte ihr aufgeregtes Reden und ihr Lachen gehört.

»Es geht ihr zu gut«, fuhr Dina fort, »immer dasselbe, Rollen, Berühmtheit, Erfolg, sie schickt uns zwei Karten für morgen abend, damit wir sie tanzen sehen. Wenn du magst...«

Jane schien mit diesem Stück, das in der Zeit des französischen Cancan angesiedelt war, glücklich zu sein. Wir erwarteten sie in ihrer Loge. Sie kam erschöpft, mit müdem Ausdruck, die Stimme laut, das Gesicht maskenhaft. Sie küßte Dina.

»Du siehst, alles geht gut, ich bin wer geworden, Dina, Star, ein Star.«

»Und Harold?«

»Welcher Harold?«

Sie lachte wie immer, dann entschuldigte sie sich, sie könne nicht mit uns essen. Mir war es recht.

Einige Jahre später in Cannes lasen wir zufällig in der *New York Herald Tribune*, daß sie sich das Leben genommen hatte. Wie so viele Künstler vor ihr.

Die Jagd nach der Fata Morgana, dem Ruhm, der Berühmtheit, der Versuch, auf festen Boden in dem Abgrund

zu kommen, der keinen Boden hat. Die verrückte Hoffnung, daß jenes Bild, das sich die anderen von einem machen, endlich aufhören werde, wie eine Spiegelung im Wasser zu zittern, daß es endlich feststehen werde, das alles kann zu einer immer mehr von Furcht gepeinigten Suche nach immer mehr Ruhm und Berühmtheit führen.
Wenn man nicht plötzlich entdeckt, daß die Suche nie ein Ende hat, daß das Fehlende immer schwerer wiegt als das Vorhandene, dann kann der Mensch zerbrechen. Weil er sich selbst verloren hat.

Am Abend, als wir die Kinder ins Bett gebracht hatten, saßen Dina und ich lange still vor dem Kamin. Es regnete. Der Wind warf in Böen den Regen in die Fensternischen. Zwei oder drei Mal fiel der Strom aus, wie oft in stürmischen Tagen. Als ich noch einmal aufstand, um die Sicherung einzuschalten, hat mich Dina zurückgehalten.

»Laß«, sagte sie.

Das lebendige Feuer im Kamin erhellte den Raum mit goldenem Schein.

»Warum«, fragte mich Dina, »warum Jane?«

Aber sie fragte nicht eigentlich mich, sondern sich selbst.

»Sie hat doch Erfolg gehabt, alles erreicht, was sie wollte.«

»Erfolg?«

Ist der Erfolg alles?

Ich hatte Menschen aller Art in extremen Verhältnissen kennengelernt. Für die einen bedeutete Erfolg Haufen von Geld, Gold, Sachen, wie für jene polnischen Bauern, die mir die paar Scheine raubten, die mein Leben retten konnten. Für die SS, die kamen, um das den Opfern der Gaskammern aus den Kiefern gerissene Gold zu holen, war der Erfolg auch dieses Gold, dieses gelbe Metall, das ihre Augen aufglänzen ließ. Und in New York hatte ich dasselbe flackernde Licht im Blick so vieler Menschen erkannt. Erfolg haben: Geld haben. Das eben wollte das Wort besagen. Und vielleicht habe auch ich einige Tage, einige Monate hindurch dem Wort diesen Sinn gegeben, als nämlich meine Geschäfte begannen, wie reife Früchte ihren Saft zu geben. Aber sehr schnell kam mir die Jagd nach dem Dollar vergeblich, ungenügend vor. Was konnte ich mit dem Geld anfangen, wenn ich allein blieb? Ein Tag bleibt ein Tag, ob man Milliardär oder Millionär ist; wenn ich mein Unterkommen und meine Nahrung hatte, wenn es mir gelang – und dazu reichten Arbeit und Geld –, den Schraubstock der Notwendigkeit zu lockern, was brachten mir dann noch weitere Dollars ein?

Diese Flucht, die scheinbar dem Reichtum nachjagt, ist nicht Erfolg.

Erfolg haben hieß nicht, einer dieser zufriedenen Leute zu werden, die nur für ihre Geschäfte lebten und von ihren Einkünften redeten.

So hatte ich einige Freunde – aber waren es wirklich Freunde? –, die ich manchmal am Wochenende zum Kartenspiel oder zum Ausgehen traf. Unser Anführer war Douglas. Er schleppte uns mit, er kannte die Lokale, die gerade im Schwange waren, die italienischen und franzö-

Siebtes Kapitel

sischen Restaurants von New York, er führte uns sein neuestes Auto vor, er teilte uns mit, welche Veränderungen er an seiner Wohnung, die er alle sechs Monate wechselte, vornehmen wollte. Und er ließ uns seine jüngsten Eroberungen bewundern. Allzu schöne Mädchen. Und dann redete er von Geschäften, immer noch einmal. Als ob sein Geist nur vom Bericht über seinen Gewinn bis zur Vorführung seiner Erwerbungen reichte.

»Nicht schlecht, Martin, nicht wahr? Darüber wunderst sogar du dich. Ich verfünffache meinen Einsatz.«

Er bot Champagner an. Er bot sich einer neuen Frau an. Als ich mit meinem Antiquitätenhandel begonnen hatte, fesselte mich Douglas wie ein Modell. Und deshalb schätzte er mich auch sehr: Ich war für ihn einfach einer der bewundernden Blicke, die er brauchte, damit seine Gewinne und Ausgaben zu einer Wirklichkeit wurden. Als ich ihn dann näher kennenlernte, entdeckte ich, welche Leere sich hinter dem prächtigen Äußeren, der tüchtigen Betriebsamkeit verbarg.

Sein Leben zu einem Erfolg zu machen kann nicht heißen, es nur auf den Besitz von Gegenständen, Dingen, Geld zu richten. Erfolgreich zu sein kann nicht heißen, tote Materie anzuhäufen. Was anderes ist ein solches Leben als ein allmähliches Begrabenwerden unter den Dingen?

Das alles wurde mir erst später klar, als ich Dina kennengelernt hatte und sie mich mit anderen Männern bekannt machte, die nicht Karten spielten und keine Geschäfte abwickelten. Sie trafen sich, um Gedanken auszutauschen oder sich die Freude zu machen, gemeinsam eine Sinfonie anzuhören.

Ich hörte Karl zu, einem deutschen Emigranten, der mit einer vom Alter unangetasteten Leidenschaft an den Ereignissen in der Welt Anteil nahm. Es schien, als sei er persönlich beteiligt in Berlin, in Moskau, im Nahen Osten, an der Front von Korea. Ob es um das Bevölkerungswachstum der Welt ging, um den Hunger in Nordost-Brasilien, um eine vorgeschichtliche Entdeckung, die das Auftauchen des Menschen auf der Erde weiter in die Tiefen der Zeit zurückverlegte – alles schien seine eigene Angelegenheit zu sein.

Erfolg zu haben heißt ein vielverzweigtes Leben zu führen, das alle Dimensionen der Welt im Blick hat, erfolgreich zu sein heißt mindestens im Geist am Schicksal der gesamten Menschheit teilzuhaben.

Das habe ich nach und nach begriffen. Doch was ich nun merkte, wenn ich mit Douglas und meinen damaligen Freunden sprach, war die Tatsache, daß sie das Leben verstümmelten. Ich wußte ja, wie kostbar es ist, ich wußte es, weil ich mitgekämpft hatte, weil ich in Warschau, in Treblinka so viele meiner Brüder hatte sterben sehen: Ich wußte, wie das Leben zu schätzen ist. Und wenn ich nur überlebt hatte, um Dollars zusammenzuraffen, um meiner Wohnung ein neues Aussehen zu geben oder ein neues Automodell zu erwerben, dann hätten mir die Meinen mit Recht aus der Tiefe der Verbannung in den Tod sagen können:

»Hast du dafür das Leben behalten?«

Siebtes Kapitel

Ich hörte Douglas reden, ich sah meine Freunde an. Sie hielten ein unschätzbares Gut in Händen: ihr Leben. Was machten sie damit? Manchmal sagte ich mir, sie seien geringer als die Ameisen, die mich mein Vater vor dem Krieg im Wald beobachten ließ. Sie arbeiteten in ihrer fieberhaften Hast wenigstens für den Ameisenhaufen, jede von ihnen war nur ein Teil des Ganzen. Ich erinnerte mich an die fleißigen Kolonnen, die so hartnäckig schleppten und bauten. Und dann sah ich uns, mich, Douglas, Jimmy, ein paar andere, jeden von uns in seiner selbstbezogenen Welt eingeschlossen, nur an sich selbst interessiert, an seinen kleinen Erfolgen und Vergnügungen. Eine geglückte Verhandlung, ein unerwarteter Gewinn, den man eingestrichen hatte.

Das war das Leben? Welcher Abgrund war es!
Und warum leben?

Übrigens fühlte nicht nur ich, auch Douglas, meine Freunde, die jungen Frauen, die neben ihnen hergingen, daß sich unser Leben wie ein großes Rad im Leeren drehte. An manchem Abend, wenn mich Douglas heimbrachte, fragte er mich – weil er mich sehr gern hatte und wußte, daß er mit mir reden konnte, ohne daß ich Kapital aus seinen Geständnissen schlug – mit seiner dumpfen, plötzlich müden Stimme:

»Martin, sag mir klipp und klar, warum strampeln wir uns so ab, du mit deinen Reisen nach Berlin und Paris, ich mit dieser Verrücktheit die ganze Woche hindurch, sag bloß, wozu das gut sein soll! Ist man nicht blödsinnig, sich so zu benehmen?«

Dann schüttelte er den Kopf und murmelte noch etwas Unverständliches.

»Was ist heute abend mit mir los? Damit sollte ich mich nicht aufhalten, nicht einmal einen Abend lang.«

Für Douglas waren die Arbeit, die Geschäfte, das Geld seine Drogen.

Für Jane war es die Berühmtheit.

Es kam vor, daß diese Drogen nicht mehr genügten. Also andere. Das Bewußtsein ausschalten, nervöse Depressionen, die nur Flucht vor der Leere des Lebens waren.

Wenn die Leere unseres Lebens zu tief wird, wenn unser Leben damit hingeht, daß wir Dinge erwerben, Sachen, die in unseren Händen wie ein Eisblock schmelzen, wenn wir uns anstrengen, zwischen unseren Fingern eine Handvoll Wasser festzuhalten, wenn wir entdecken, daß Besitzen nur eine flüchtige Freude ist und daß wir immer mehr besitzen müssen – dann taumeln wir manchmal in den Abgrund einer Depression. Sie ist die Krankheit unseres Lebens, das kein lebenswertes Ziel hat. Sie ist die Auflehnung gegen die Vergeudung unseres Lebens, gegen seine Verstümmelung, seine Herabsetzung.

Ich merkte es, wenn ich mit Karl sprach, ihn befragte, aber auch, wenn ich mich an das erinnerte, was mein Leben im Getto ausgemacht hatte.

Ein nur auf sich selbst bezogenes Leben ist kein Leben, es ist ein verstümmeltes Leben, ohne Ziel und endend in den Abgründen der Einsamkeit und der Niederlage.

Siebtes Kapitel

In New York hatte ich ein blühendes Geschäft aufgebaut. Ich durchquerte Europa von einem Antiquar zum anderen, ich war frei, mich bedrohte weder Gefängnis noch Tod. Ich war reich. Und doch war ich leer.

Mit Entsetzen und Verwunderung dachte ich an das, was ich in der Zeit des Gettos gewesen war, ein Schmuggler, ich hatte in meine verhungernde Stadt das Korn des Überlebens gebracht. Ich fand sie nicht wieder, diese Kraft in meinen Händen, diese Freude, mit der ich damals die Kornsäcke gepackt hatte: Ich hob die eingeschmuggelten Waren hoch und reichte sie den Trägern, die in den übervölkerten Straßen des Gettos schon Ausschau nach mir gehalten hatten.

Warum diese sehnsüchtige Erinnerung an eine schreckliche Vergangenheit, in der ich offenbar doch mit Begeisterung gelebt hatte?

Die Antwort kannte ich, ich hatte sie auf einer der Flugreisen entdeckt, die mich in einer Woche nach London, Paris und Berlin brachten. Ich war leer, weil ich allein war, ich arbeitete nur für mich, für mein Bankkonto, für meine Zukunft. Sicherlich, auch im Getto arbeitete ich für mich. Aber ich wußte, daß ich damit auf meine Weise meinem Volk mein Blut gab. Und deshalb war ich begeistert, deshalb fand ich in New York nur noch in der Erinnerung diese Leidenschaft für die Tat. Das war unbestreitbar. Doch im Herzen blieb Unsicherheit über die Zukunft, blieb Ungenügen, das trotz meinem Erfolg aufstieg.

Es war nur gut, daß ich mir ein Ziel bewahrt hatte, ein Ziel, das ich selbst war, aber das nicht in mir allein liegen konnte: Ich wollte eine Familie gründen, eine Festung bauen. Es war mein Glück, daß ich Dina traf, mein Leben fand einen Sinn. Aber die anderen, die in sich selbst eingeschlossen blieben?

Wenn wir uns nur um uns selbst kümmern, wenn wir uns der Regel dieser Zeit anpassen, nach der wir uns vor allem um uns selbst kümmern sollen, dann glauben wir, das Beste für uns zu tun. Wir glauben, unseren Besitz zu vergrößern, doch wir werfen ihn in einen Abgrund.
Der Mensch, der sich für andere öffnet, bereichert sein Leben. Denn der Reichtum eines Lebens entsteht aus Begeisterung und Freude, die sich nur dann einstellen, wenn man sich selbst überschreitet. Wer nur für sich allein besitzen will, lebt in einer Wüste: Er wird von seinem Besitz begraben.
Wer den anderen entgegenkommt, wer mit den anderen lebt, geht auf die Oase zu.

Später, an den Abenden, die ich mit Karl und Dinas Freunden verbrachte, als ich endlich Frieden gefunden hatte, als ich Menschen zuhörte, die als Menschen sprachen – das heißt von Menschen und nicht von Dingen –, habe ich oft diese Leere empfunden, die sich in mir öffnete und die ich in den anderen erkannte, vor allem im Gespräch mit Karl, dessen graue Augen und dessen heiteres Alter ich liebte. Ich habe Karl erzählt, daß ich mich zuweilen nach der Zeit der Solidarität im Getto sehnen müßte. In der Barbarei hatte ich mich noch als Bruder der Meinen gefühlt. Dann habe ich ihm von den hartnäckigen Ameisen erzählt, die für die Gesamtheit des Ameisen-

Siebtes Kapitel

volkes arbeiten. Karl brach in Lachen aus.

»Willst du den Ameisenhaufen wieder aufbauen? Du träumst davon, in einer Gruppe aufzugehen, obwohl man dich nur anzusehen braucht, um zu wissen, daß du ein Individualist, ein Einzelgänger bist.«

Ich widersprach, wußte aber, daß er recht hatte.

»Aber nein, aber nein, das ist ganz natürlich«, sagte Karl, »denn du hast ja recht. Die Leere ist ja da. Nur geht es nicht um die Welt der Ameisen, die man wieder aufbauen muß, sondern um die Menschenwelt, die bisher noch nicht das Licht der Welt erblickt hat. Und es geht darum, in uns die Solidarität wiederzuentdecken, die zum Beispiel die Angehörigen eines Stammes verbindet. Diese Solidarität, gewiß, Martin, aber dabei die Individualität bewahren, das ist unser Reichtum.«

Ich kam mit Dina zurück. New York war noch keine beunruhigende Stadt, in der aggressive Elemente Vorübergehenden auflauern. Doch Dina und ich spürten die Gewalttätigkeit der Stadt, ihre brutale Größe. Die von Hochhäusern zerdrückten Straßen, die Obdachlosen, die schwarzen Gettos. Ich konnte sie mit den kleinen europäischen Städten vergleichen, die noch menschliche Ausmaße hatten. Einmal erlebten wir, daß junge Schwarze mit Steinen die Auslagefenster eines Warenhauses zertrümmerten. Sie flüchteten, während die Sirenen der Polizeiautos heulten.

»Ich möchte weg aus dieser Stadt«, sagte Dina, »aber trotzdem liebe ich sie.«

Ich liebte sie auch. Aber sie war hart. Gleichgültig gegen das Schicksal eines Menschen – dieses Bettlers, jenes kranken Schwarzen. Und Jahre später hatte ich nahe bei der Tür meines Pariser Hotels einen anderen Obdachlosen gesehen, auch er verlassen in der Gleichgültigkeit der großen Stadt. Vielleicht zwang die Stadt die Menschen, sich wie große Räder unablässig und irrsinnig in fiebrischer Tätigkeit zu drehen – das Geld, der Ruhm, wieder das Geld.

Die Stadt, in der die Bäume starben, weil ihre Wurzeln unter dem Beton erstickten.

Die Stadt, die allzu großen Städte, krankhafte Auswüchse, riesige Geschwülste. Die entwurzelten Menschen kennen einander nicht.
Und die Städte wachsen ohne Ende: Sie sind Abgründe, die immer tiefer werden, in denen sich die brüderlichen Bräuche verlieren, die langen Blicke, das Lächeln.
Diese Städte, in denen sich die Menschen wie Sandkörner stoßen, wo sie nichts sind, diese Städte, in denen man den Frieden, die Freude, die Bande des Verstehens und der Zuneigung unter den Menschen wieder schaffen muß.

Auch das habe ich erst später wirklich verstanden. Als ich nach den zehn Jahren, die ich mit Dina und den Kindern in unserem einsamen Haus auf dem Lande verbracht hatte, Paris wiedersah, das verzehnfachte Paris, Raserei, Stau auf den Straßen. Ich erinnere mich an einen Novemberabend, es regnete stark, ich kam auf dem Flughafen Orly an, und mein Taxi blieb in einem unentwirrbaren Knäuel stecken. Vor uns stieg ein Mann aus seinem Auto und rüttelte brüllend an der Tür des vor ihm stehenden Wagens. Da er sie nicht öffnen konnte, beschimpfte er den Fahrer und versetzte dem fremden Auto Fußtritte.

»Als ob das nicht schon genug wäre, dieser Stau«, sagte mein Fahrer. »Müssen die sich auch noch schlagen.«

Die Gewalttätigkeit: Krankheit der zu großen Städte. Die Gewalttätigkeit, sinnlos berstende Auflehnung des Menschen gegen das leere und widersinnige Leben, das er führt. Gewalttätigkeit, die sich gegen andere und gegen sich selbst richtet. Zerstörung und Selbstzerstörung, die Gewalttätigkeit, die sich den anderen als Opfer, als Zielscheibe aussucht, vielleicht wegen seiner Hautfarbe oder ganz grundlos. Die Gewalttätigkeit als Droge unserer Zeit.
Die Gewalttätigkeit als irregeleitete Energie, als toller Sturzbach, verheerendes Wasser, das man eindämmen muß.

Vielleicht, weil ich nach meinem Unglück überempfindlich geworden war, weil meine Wunden noch offen waren, traf mich die Gewalttätigkeit persönlich. Ich konnte nicht mehr in der gewohnten Gleichgültigkeit den auf das Pflaster hingestreckten Clochard ansehen, diese Männer, die sich auf der Straße beschimpften, diese Kinder auf den riesigen Fotos der Zeitungen – vom Krieg in Asien verstümmelte Kinder. Ich konnte nicht ohne Erschütterung an den jungen Leuten in zerlumpter Kleidung vorbeigehen, deren glänzende Augen verrieten, daß sie auf ihre Drogendosis warteten. Ich sah, wie sie, ohne auf den Verkehr zu achten, über die Straße gingen. Sie besaßen das unschätzbare Gut, die Jugend, und dennoch schien ihnen jede Begeisterung abhanden gekommen zu sein. Ich sah sie an und litt für sie, litt selbst. Eines

Abends, als ich in mein Hotel zurückkam, fühlte ich mich einen Augenblick lang so niedergeschlagen bei der Vorstellung, wieder allein zu sein, daß ich mich in eines der lärmenden, bunten Cafés im Quartier Latin setzte. Am Nebentisch blätterte ein junger Mann mit langen Haaren zerstreut in der *Times*. Er trug einen fleckigen Pelz, schien aber zu frieren. Ich zögerte etwas, redete ihn dann amerikanisch an:

»Fühlen Sie sich nicht wohl? Sie studieren in Europa?«

Er brauchte lange Zeit, um mir zu antworten. Hob mit Mühe den Kopf. Tatsächlich studierte er Architektur und Urbanistik. Er besuchte die europäischen Hauptstädte.

»Aber wissen Sie, die Architektur heute... Also ich bin nun mal hier.«

Ich versuchte, ihn zum Sprechen zu bringen. Nach und nach belebte er sich. Seine Fragen waren voller Zorn.

»Die Architektur? Für wen baut man? Das Geld gibt doch den Ausschlag. Also, Architektur... Selbst Paris, da gibt es überall diese Türme, Wolkenkratzer wie in New York und Chicago, sehen Sie nur hin.«

Auf dem Boulevard Saint-Michel stauten sich die Wagen, ein leuchtendes Gerippe, eine unbewegliche Raupe.

»Das ist Urbanistik heute. Die Leute werden erdrückt. All diese armen Typen verbringen täglich drei Stunden in ihrem Auto. Wissen Sie, ich habe ein Zimmer in Saint-Cloud, ich sehe sie, die armen Tröpfe, die ersticken ja in ihren kleinen motorisierten Büchsen.«

»Und eben weil Sie Urbanist sind, sollten Sie eine andere Vorstellung von der Stadt entwickeln«, meinte ich.

»Sind Sie naiv. Die Stadt, die ist da. Kann nicht anders

sein. Man kann nichts verändern. Da läuft nichts mehr. Das ist hin. Also flüchte ich, wie ich eben kann. Auf meine Manier.«

Später bat er mich um ein paar Zehnfrancstücke, die ich ihm gegeben habe. Vielleicht für Drogen, für Alkohol. Aber was soll man sonst tun? Sie ihm abschlagen? Ich habe versucht, ihn zu überzeugen, ihm mit einigen Sätzen etwas neuen Mut zu geben. Sicherlich ist es mir nicht gelungen. Ich blieb im Café, bis jemand sagte, ich müsse nun gehen. Ich habe andere junge Gesichter gesehen, auch sie so verbraucht. Schwankende Schatten, die sich auf die Theke stützten. Fast alle waren verloren für ein würdiges Leben. Wer hatte sie in die Abgründe der Verzweiflung geworfen?

Unsere Städte, die zermalmen. Unsere harten, unerbittlichen Gesellschaften, die den Schwächsten ausstoßen. Unsere geheimen Gesetze, die das Geld und den Gewinn zum König machen. Unsere Sitten, die Gewalttätigkeit fördern oder die Flucht aus der Wirklichkeit in die Scheinwelt von Drogen und Alkohol. Die Ungleichheiten, die den Starken und Reichen noch stärker und reicher machen und den Schwachen und Armen noch schwächer und ärmer. Unsere Gesellschaft, die allzu oft einem Dschungel gleicht, einem Konzentrationslager ohne Brüderlichkeit, wo jeder, gleichgültig gegen den anderen, seinen Weg verfolgt.
Das alles führt zu diesen verlorenen Existenzen, die verlassen oder in tödliche Sackgassen geschleudert worden sind.

Ich empfand dasselbe wie damals, als ich, ein Händler von Tür zu Tür in den Hochhäusern der New Yorker

Bronx, diese düsteren Wohnungen sah, diese in einer Zelle eingeschlossenen, an langweilige Beschäftigungen gebundenen Leben. Bedroht von allen Übeln, die auf den Menschen lauern, dazu von den Übeln der Gesellschaft, Arbeitslosigkeit, Angst, Furcht.

Ist der Mensch ein Mensch, um so zu leben? Ich konnte nur mit der Hoffnung leben, daß eines Tages eine andere Zeit kommen werde.

Die Welt würde anders sein. Der Mensch befreit von den Ketten der Ungleichheit, vom Gewicht seiner Gesellschaftsordnung, die ihn erdrückt.
Der endlich aus den Fesseln befreite Mensch.
Der Mensch endlich in der Lage, seine Probleme ins Auge zu fassen, seine echten Fragen, seine ständigen und erhabenen Sorgen: das Glück, das Warum und Wie seines Lebens, die Frage nach dem Tod.
Aber ein Mensch, der Hunger hat, ein Mensch, der Angst hat, kann nicht frei an diese Fragen denken. Er tastet wie ein Blinder umher.

Ich erlebte wieder den Krieg, das Getto, ich sah den anarchischen Verkehr in der Stadt, diese grauen Massen, die ratlose Jugend. Diese Obdachlosen, diese Bettler, diese unsere Welt ohne wirkliche Gerechtigkeit. Ich sah die freudlosen Gesichter der großen Stadt.

Ja, wir leben noch im Abgrund.
Ja, der Mensch steckt noch in seiner Vorgeschichte.
Aus ihr muß er hervortreten.

Sicherlich müssen dazu einige unserer Gesetze geän-

Siebtes Kapitel

dert werden, sicherlich müßten die oben, die Menschen, die Macht in den Händen haben, ihre Art zu regieren ändern, ihre Art, die Welt zu sehen. Die Verschwendung der Reichsten müßte aufhören.

Denn es gibt Milliarden Menschen, die hungern, und ihre Zahl wächst immer schneller.
Heute leben dreieinhalb Milliarden Menschen.
Morgen – in weniger als dreißig Jahren – werden wir sieben Milliarden sein. Dann wird die Ungleichheit zwischen den Menschen, der unglaubliche Überfluß der wenigen, die Not der Mehrzahl, nicht mehr nur die Würde des Menschen, gleich welcher Hautfarbe, beleidigen. Dann wird die Ungleichheit zur Bedrohung für alle Menschen werden. Denn wir stehen mit dem Rücken zum Abgrund. Wir mögen uns weigern, hineinzublicken – aber damit beseitigen wir ihn nicht.
Damit uns nicht der Schwindel überfällt, müssen wir den Abgrund genau ansehen: und uns bemühen, ihn zu beseitigen. Aus moralischen Gründen und mehr und mehr, weil Gerechtigkeit und Gleichheit die ungefährlichsten Wege sind.
Doch damit die Menschheit sich zu neuen Wegen aufrafft, genügt es nicht, daß ein paar Menschen es beschließen. Es ist notwendig, daß alle Menschen, zuerst diejenigen, die nicht mehr hungern, es begreifen.
Denn Denken und Wollen der Menschen sind eine unendliche Kraft.

Ich habe mich an unseren Aufstand im Getto erinnert. Wir waren nichts. Wir hatten nur unsere schlecht bewaffneten Hände, aber wir waren vom Willen zum Kampf beseelt, wir wollten uns wenigstens ein paar Stunden halten. Und dann haben wir Wochen hindurch gekämpft. Wenn wir uns in den ersten Monaten unserer Versklavung und Demütigung erhoben hätten, als wir noch 500 000 waren, wer hätte uns dann vernichten können?

Aber Ketten fesselten nicht nur unsere Füße. Sie fesselten Geist und Willen zu vieler unter uns. Die geschickten Henker spielten mit unserer Schwäche. Sie nährten sie mit falschen Hoffnungen. Später, als ich mich nach meiner Flucht aus Treblinka den noch freien Menschen erklären wollte, konnten sie sich die Hölle, die auf sie wartete, nicht vorstellen, sie glaubten mir nicht. Ich redete ohne Ende mitten zwischen denen, die mir nicht glauben wollten. Und man hat mich als Narren behandelt.

Der Narr ist aber nicht der Mann, der die Schwierigkeiten beim Namen nennt, der die Krankheit schildert, die sich ausbreitet, der Narr ist der Mann, der behauptet, es sei noch Zeit zum Abwarten. Der Narr ist der Mann, der die Augen schließt, das Gesicht verhüllt, der nicht hören will. Denn es kommt der Tag, wo die Frage vor einem steht, wo die Krankheit ausgebrochen ist: Und dann fehlt die Zeit, die vertan wurde.

Seit ich meine Stiftung zum Schutz der Natur gegründet habe und Männern der Wissenschaft begegnete, seit ich über die mir noch nicht bekannten Krankheiten unserer Epoche unterrichtet wurde, entdeckte ich, daß genau wie im Getto die Masse der Menschen – und auch ich bis vor einigen Monaten – nicht sehen will. Und deshalb handeln

Siebtes Kapitel

die Menschen nicht, deshalb lassen sie sich von den Verhältnissen an den Rand des Abgrunds drängen.
Ich wußte es jetzt. Wie nach Treblinka.

Der Mensch steht am Kreuzweg, vor sich hat er zum ersten Mal eine Zukunft, deren Gesicht er jetzt schon erkennt, falls er nichts tut: In jedem Jahr Dutzende von Millionen neuer Menschen, Milliarden Menschen auf dieser Erde, und die ungesteuerte Produktion, die den Boden, das Wasser und sogar den Himmel zerstört. Am Ende dieses Wegs die Gewalttätigkeit, die Auflösung, der Hunger.
Aber es gibt einen anderen Weg.
Man muß seinen Willen einsetzen, um etwas zu ändern. Der Mensch muß seine Macht für sich und nicht gegen sich nutzen.
Und dafür gibt es nur eine einzige Kraft: das Gewissen jedes Menschen, der sich betroffen fühlt, sich unmittelbar bedroht weiß, der den anderen Weg wählt: den Weg zu einer friedlichen Ordnung der Welt.

Ich bin nichts als die Stimme eines Menschen, der die Barbarei des Krieges kennengelernt hat, nur die Stimme eines Zeugen und eines Mannes, der alles verloren hat, was er liebte. Durch den sinnlosen Brand eines Waldes, der nicht geschützt wurde.

Im Sommer nach meinem Unglück habe ich an den guten Willen appelliert, den Rest des Waldes vor neuen Feuern zu retten. Ich war in Les Barons und sah die jungen Leute kommen, die sich angeblich nur um sich selbst kümmerten.

»Wir helfen Ihnen«, sagten sie. Einer von ihnen, ein

großer, etwas gebeugter junger Mann, schlecht rasiert, schlecht gekleidet, stopfte seinen Beutel voll mit Broschüren der Stiftung. »Ich will sie verteilen«, sagte er und blinzelte mir zu. »Wenn wir nichts tun, nicht wahr, dann werden die noch alles verwüsten. Sie müssen Bescheid wissen, müssen es kapieren. Wir werden mit ihnen reden.«

Den ganzen Sommer hindurch haben er und andere junge Leute freiwillig an der Côte d'Azur, wo Tausende von Touristen hinkommen, für die Stiftung gearbeitet. Und in dem Jahr kam es zu weniger Bränden.

Ich erinnere mich an den spöttischen Journalisten, der hörte, wie ich die Bilanz aus dem Wirken der Stiftung zog.

»Das Klima, dieser Sommer hat Ihnen aber auch sehr geholfen.«

Ich tat, als hätte ich seine Bemerkung nicht gehört, aber als er wieder damit anfing, kochte mein Zorn über.

»Gar nichts ist das Klima«, schrie ich. »Wissen Sie etwa nicht, daß auch das Klima vom Bemühen der Menschen abhängt?«

Das war übertrieben, soweit es uns anging, aber richtig war es trotzdem. Es genügt, daß diese Wälder verschwinden, damit sich das Klima verändert. Über Tanneron lag vor dem Brand der klare Himmel des Südens. Jetzt, wo die Bäume nur noch tote Stümpfe waren, kroch der Nebel über den Boden, die Sonne blieb verschleiert. Jetzt blies der Wind in heftigen Böen, und auf eisige Nächte folgte dörrende Hitze.

Doch wir können das Klima ändern. Eines Tages im Frühjahr kamen die Schüler von Tanneron, jeder mit ei-

Siebtes Kapitel

nem jungen Baum in Händen. Sie gingen auf die steinigen Abhänge, sie gruben und pflanzten die Bäume der Erneuerung. Das Klima wird eines Tages, weil die Menschen es wollen, wieder wie vor dem Brand sein.

Ich sah lange noch das Gesicht eines Kindes vor mir, das mit seinen unbeholfenen Händen einen Baum in die Erde senkte.

Wenn der Mensch will,
kann er die Abgründe auf seinem Weg auffüllen.
Er kann immer neben einen toten Baum
einen Baum des Lebens pflanzen.
Aber er muß es wollen.
Er muß es wagen, der Gefahr ins Auge zu sehen
und sie anzuprangern.
Er darf nicht dem Taumel der Bequemlichkeit verfallen.
Dann wird seine Zukunft grünen unter mildem Himmel.

Das Schicksal

Das Schicksal

Heute abend bin ich allein in dem leeren großen Zimmer von Les Barons. Durch das Fenster sehe ich in der Ferne das Meer. Plötzlich sehe ich nur noch die Gitterstäbe, die Dina vor der Fensternische anbringen ließ, damit kein Strolch in unser einsames Haus eindringen konnte. Mir ist, als ob diese Eisenstäbe mein ganzes Leben einschließen. Und ich erinnere mich an den Tag, wo Max Gallo mich die Stelle des Alten Testaments lesen ließ, die er seinem Vorwort voranstellen wollte.

»Ihr Leben, Martin, erinnert mich tatsächlich an Hiob, dem Gott, um ihn auf die Probe zu stellen, nichts mehr gelassen hatte.«

Das Kapitel handelte davon, wie Hiob dem Satan überliefert wird.

Heute abend lese ich das Kapitel wieder, ich frage mich, ob es nicht ein Schicksal gibt, das sich seit meiner Kindheit vorgenommen hat, mich zu zerschmettern. Ob ich das Opfer von Kräften bin, die mich in mir oder außerhalb von mir gefangenhalten. Wie die Fenstergitter.

Ein Schicksal, mein Schicksal, das mich, während ich den Frieden suchte und glaubte gefunden zu haben, hierher führte, damit ich das Opfer von Feuer und Tod werde.

Ist das Schicksal eine Realität?
Sind wir in einer Hand gefangen, die uns willkürlich schont oder verstümmelt?
Ist schon bei unserer Geburt in uns, außerhalb von uns, der Weg vorgezeichnet worden, dem wir folgen müssen?
Muß man an das Schicksal glauben?

Achtes Kapitel

Heute abend kann ich die Frage nicht beantworten, vielleicht nicht, weil der Winterabend so früh anbricht, weil mich meine Einsamkeit erstickt. Ich dulde es, daß in mir Fragen, Bilder, Erinnerungen aufsteigen. Ein Freund hat mir früher einmal die Geschichte dieser seltsamen Vögel, der kurzschwänzigen Sturmtaucher, erzählt, die sich, sobald ihre Eltern sie im Nest verlassen haben, allein auf eine lange Reise von 25 000 Kilometer über den Pazifik machen.

Diese Reise, die alle Sturmtaucher dieser Gattung seit eh und je unternehmen und die durch nichts begründet zu sein scheint, wenn nicht durch einen gebieterischen Befehl in ihnen selbst. Ihr Schicksal, das ihnen aufgeprägt ist, das sie zu dem Flug zwingt und sie lenkt.

Wird unser Leben ebenso gelenkt?
Sind wir in unserer Entscheidung frei, oder werden wir unserem Schicksal entgegengetrieben, sind wir Blinde, die nichts dagegen vermögen?

Diese Fragen verfolgen mich, und ich habe sie mir immer schon gestellt.

Und wer stellte sich diese Fragen nicht?

Eines Abends, als wir ein befreundetes Ehepaar besuchen wollten, trafen wir nur Maria an, die junge Frau, der die Kinder anvertraut waren. »Sie sind alle fort«, wiederholte sie lachend, »sogar die Kinder. Sie sind alle im Freilichtkino. Sie wollten mich mitnehmen, aber ich wollte nicht. Ich weiß nicht warum, aber ich wollte lieber allein bleiben.«

Spät in der Nacht kam ein Anruf. Ein Dieb war in die einsame Villa eingedrungen und hatte Maria angefallen. Am nächsten Tag besuchten wir sie. Sie hatte am ganzen Körper blutunterlaufene Stellen, war aber ruhig, passiv:

»Das ist Schicksal, dagegen kann man nichts machen«, sagte sie. »Es war meine Stunde. Wissen Sie, wenn ich mit ihnen im Kino gewesen wäre, dann wäre etwas anderes passiert, vielleicht ein Unfall. Ich weiß es. Dieser Abend war bestimmt, sicher. Man kann seinem Schicksal nicht entgehen.«

Heute abend denke ich an Maria.

Meine schrecklichsten Gedanken steigen wieder auf, Gedanken, die mir gnadenlos und unerbittlich meine Geschichte erzählen: Ich überlebe die Meinen in Treblinka, ich entkomme aus der Zerstörung des Gettos, es gelingt mir, ein Vermögen zu erwerben, ich begegne der Liebe, Dina, wir haben Kinder – und das alles nur, damit es mit diesem Feuer, mit ihrem Tod endet?

Bin ich gezeichnet? Eingesperrt in ich weiß nicht welches Schicksal?

Ich gehe aus dem Haus, im Nebel über die Straße, die so lange der Weg der Freude war. Die frische Luft tut mir gut. Ich komme wieder zur Besinnung.

Was ist denn Schicksal?
Eine Bezeichnung, die der Mensch für die Ereignisse hat, eine Bezeichnung, mit der er sie zu einer Kette verknüpft, um Tatsachen aufeinander zu beziehen.
Doch er muß diese Kette immer wieder zerbrechen wollen. Und wenn sie schwer ist, wenn sie zu widerstehen scheint,

Achtes Kapitel

dann ist diese Anstrengung der eigentliche Sinn des Menschenlebens.

Das Schicksal?

Ich habe so viele Menschen sich diesem Wort beugen sehen, vor ihm niederknien, um ihr Urteil zu empfangen. Tausende von Menschen im Getto, die sich Tag um Tag vom Faden ihres Schicksals ziehen ließen. Und wer will sie verurteilen? Es sind meine toten Brüder.

Ich aber nahm die erste Möglichkeit wahr. Ich weigerte mich, an ein Schicksal zu glauben, das aus mir einen Gedemütigten, einen Besiegten, einen Sklaven, einen Toten machen wollte. Ich bin geflohen, ich habe gekämpft, ich habe überlebt. Als die Einwohner von Tanneron nach meinem Unglück, nach dem Tod der Meinen, erfuhren, daß ich schon dem Tod im Getto und in Treblinka entkommen war, sprach ein alter Mann mit zerfurchtem Gesicht aus, was alle dachten:

»Das ist das Schicksal von Martin Gray, er stirbt nicht, dieser Mann entkommt immer. Das ist sein Schicksal, so ist es nun mal.«

Nein, so war es eben nicht.

Wenn ich sie wiedererlebe, diese Jahre der Gewalt und der Barbarei, wenn ich meine Hände ansehe, die noch von den Folterungen gezeichnet sind, wenn ich beim Heben der Arme die Schmerzen in der Schulter fühle – körperliche Erinnerung an die Gefängniszellen von Pawiak, von Warschau, wo man mich an den Handgelenken aufhängte und die Henker mich schlugen –, dann weiß ich, daß Schicksal eine Konstruktion ist.

Der Mensch hat immer zwei Wege vor sich.
Zwischen ihnen muß er sich entscheiden.
Zwei Wege vor Augen – zwei Schicksale.
Und jeder Schritt führt an einen neuen Kreuzweg.
Wieder zwei Wege, zwei mögliche Schicksale.
Und so geht es weiter
bis zur letzten Sekunde unseres Lebens.

Später merkte ich an anderen, daß ihnen alles oft sehr einfach erschien. Wenn ich Max Gallo von meinen verschiedenen Fluchtunternehmen erzählte und er vor mir saß, das Notizbuch in der Hand, kam es vor, daß ich plötzlich innehielt, gereizt, weil er mich nicht unterbrach.

»Sie begreifen doch«, sagte ich zu ihm, »Sie begreifen, daß ich bei den anderen hätte bleiben können und daß es leicht gewesen wäre. Wir müssen versuchen, es den Lesern klarzumachen, damit sie es verstehen. Ich bin kein Held, Max, aber ich möchte, daß die Leser begreifen, daß nichts leicht ist. Man muß wollen. Sie verstehen doch, Max?«

Niemals ist etwas endgültig entschieden. Es gibt niemals nur einen einzigen Weg, ein einziges Schicksal.
Man muß wissen, daß man sich entscheiden kann – entscheiden muß. Aber man muß es wollen. Glauben, daß es möglich ist.
Daß man sein Schicksal mit eigenen Händen bildet.
Daß es immer einen offenen Weg gibt.
Solange es noch einen Hauch von Leben gibt, gibt es auch die Hoffnung, wählen und ändern zu können. Sich und die Welt.

Achtes Kapitel

Denn ich kenne so viele Fälle, die zeigen, daß unser Schicksal nicht wie das der wandernden Vögel uns eingeprägt ist, im Herzen unseres Körpers und unseres Denkens.

Der Mensch ist nicht nur ein Räderwerk, eine Zusammenballung von Stoffen, er ist in erster Linie ein Entschluß, und jeder hat – wenn er es will, wenn er es weiß – die Möglichkeit in sich, aus seinem Räderwerk, aus seiner Stofflichkeit etwas anderes zu bilden, zu produzieren.
Denn jeder Mensch ist einmalig. Und jeder Mensch muß sich als den Einmaligen wollen, auch wenn er sich mit den anderen solidarisch weiß.

Als ich in New York arbeitete, bewohnte ich eine Zeitlang ein Haus im Süden der Stadt. In meiner Nähe wohnte in einem großen weißen Gebäude ein Paar, das ich nur selten sah. Aber es kam vor, daß ich bei meiner Heimkehr schreien hörte, ein unheimliches Geheul, dann die Stimme eines Mannes, dessen Worte ich nicht verstand. Später erfuhr ich, daß es sich um das Kind des Ehepaares handelte, ein zurückgebliebenes Kind, das ab und zu Wutanfälle bekam. Ich träumte davon, eine Familie zu gründen, Kinder zu haben, und tagelang wurde ich das Entsetzen über das Schicksal nicht los, das diese Menschen getroffen hatte.

Eines Abends begegnete ich in der verlassenen Allee einem noch jungen Mann mit vornehmem Gesicht, dessen lange blonde Locken von der Stirn nach hinten gestrichen waren.

»Sir«, sagte er, »ich glaube, Sie wohnen in dem Haus neben unserem.«

Er begann sich zu entschuldigen, bis wir vor seinem Haus standen.

»Ich bitte Sie, Sir«, fuhr er fort, »kommen Sie doch mit...«

Ich zögerte. Es ist so schwierig, dem ungerechtesten Unglück gegenüberzustehen, dem der Kinder.

»Ich bitte Sie«, wiederholte er.

Ich bin mitgegangen. Seine Frau hatte sanfte Augen, ein zurückhaltendes Lächeln.

»Es freut mich, Sie kennenzulernen«, sagte sie.

Ein paar Minuten unterhielten wir uns, dann sprachen sie plötzlich beide fast gleichzeitig auf mich ein.

»Es würde uns Freude machen, wenn Sie Frank, unseren Sohn, sähen und das, was er macht.«

Ich mußte wohl einverstanden sein.

In einem großen Zimmer saß auf dem Boden ein Heranwachsender mit gesenktem Kopf und sich ständig verzerrenden Gesichtszügen, mit vortretendem Kinn und einem leichten dunklen Flaum auf der Oberlippe. Als er uns sah, stieß er eine Art Grunzlaut aus und schüttelte mehrmals den Kopf.

»Ihr Besuch ist ihm willkommen«, sagte der Vater.

Ich war wie gelähmt. Entsetzt. Und dabei war mir das Entsetzen so vertraut. Aber dieses hier – dieses verstümmelte Leben, das Schicksal dieses Ehepaares!

»Sehen Sie«, sagte der Vater.

Und jetzt bemerkte ich, daß die Wände mit Bildern bedeckt waren, fröhlichen Bildern, auf denen klare Farben

Achtes Kapitel

vorherrschten, das Gold einer fröhlichen Sonne, Blau, Rot. Ich sah jetzt auch, daß Frank beim Malen war, mit abgehackten Bewegungen, und daß auf der Leinwand, die auf dem Boden lag, eine Art unendlicher, strahlender Blume entstand.

»Frank hat das alles gemacht«, sagte seine Mutter. »Das ist so schön. Wenn er malt, wird er ruhig. Und für mich sind diese Blumen das Gesicht seiner Seele.«

Das Schicksal.
Sich nicht beugen vor dem, was man Schicksal nennt.
Einem Ereignis, das uns heimsucht,
das entnehmen, was eine Welle von Kraft
für uns, für andere ist.
Sich nicht dem unterwerfen, was uns zu zerschmettern scheint. Sondern im Gegenteil mit beiden Händen den Stein heben, der auf uns liegt: Ihn mit gestreckten Armen heben. Es wollen.
Den großen Stein wegschleudern wollen, damit man endlich
den Himmel sieht.
Und jeder kann seinen Himmel sehen.

Franks Eltern hatten für ihn die Malerei entdeckt. Sie hatten sich nicht dem Ereignis unterworfen, sondern Schritt für Schritt dagegen gekämpft. Und sie hatten gesiegt. Ich denke auch an den Schriftsteller, von dem mir Max Gallo berichtete: einen Mann, der mit dreizehn Jahren an Kinderlähmung erkrankte. Und auch er hatte es verstanden, trotz der Lähmung sein Leben aufzubauen. Schreiben, sich ausdrücken, ein großes Werk verwirklichen – das war sein Mittel zu siegen, seinem Schicksal zuvorzukommen, ein anderes daraus zu machen.

Die Karten des Lebens wechseln in jedem Augenblick. Gestern Krankheit, heute Gesundheit. Heute Glück und Frieden, morgen Unglück und Verzweiflung.
Doch mit dem, was uns zugeteilt wurde, können wir immer noch bauen. Solange der Mensch lebt, kann er immer wieder aufbauen, sogar aus Trümmern.

Aber das ist nur einfach, wenn die Stoffe gesund sind. Ich habe es so viele Male in meinem Leben festgestellt: Mangel an Schlaf, Müdigkeit, körperliche Verbrauchtheit, das alles unterhöhlt den Willen.

Das ist es, was uns zu Sklaven macht.

Dina und ich hatten es begriffen. Wir tranken keinen Alkohol und verzichteten sogar auf Fleisch. Jeder kann seinen Weg wählen, aber ich weiß, daß er die Rechnung nicht ohne seinen Körper machen kann.

Der Mensch darf seine Kraft nicht vergeuden. Seinen Körper nicht dadurch verbrauchen, daß er ihn Ausschweifungen unterwirft. Denn der Mensch ist ein Ganzes.
Sein Denken ist nicht klar, sein Wille nicht unerschütterlich, wenn der Körper schwerfällig ist.
Denken ist wie Wasser. Es kann getrübt, verschmutzt sein, wenn der Körper trübe und mit Schmutz angefüllt ist.

Das versuchte ich Jacques M. zu erklären. Er arbeitete mit mir in der Stiftung. Er lachte über das, was er spöttisch meinen »Ernährungsfimmel« nannte. Wir hatten oft Anlaß, Journalisten zum Essen einzuladen. Jedes Mal mußte ich erklären, mich geradezu entschuldigen, daß ich nicht mit Whisky begann und mit Bordeaux fortfuhr. Ich sah, daß die anderen mehr, als vernünftig war, tranken. Alle nahmen die Speisekarte mit einer Leidenschaft in die Hand, die mir komisch vorkam. Was ich ihnen vorwarf, war nicht ihre Vorliebe für das eine oder andere Gericht, es war oft das Übermaß. Nach der Mahlzeit war Jacques schläfrig. Also bestellte er eine zweite Tasse Kaffee. Er war in das Räderwerk von Überernährung, Alkoholgenuß und Aufputschmittel geraten. Mir schienen das alles Formen der Flucht zu sein.

Ich hatte sie selbst gut genug kennengelernt in meinen ersten Jahren in New York, als mir die Einsamkeit sehr zu schaffen machte. Also trank ich. Restaurants waren für mich damals Tempel der Freude. Essen eine Möglichkeit, mir selbst zu beweisen, daß mir die Welt gehörte. Ich war von der Kälte der Einsamkeit umhüllt, bis die flüchtige Wärme, die der Alkohol spendet, und das reichhaltige Essen mich für einen Augenblick meine Lage vergessen ließen.

Ich war euphorisch. Aber die Folgen stellten sich ein. Mein getrübtes Denken, meine geschwächte Tatkraft und ein noch schwerer erträgliches Gefühl von Einsamkeit.

Deshalb änderte ich mich, fastete. Ich entdeckte das Behagen an einer einfachen Mahlzeit. An klarem Wasser. Einem leichten Körper.

Wenn der Mensch nicht will, daß ihm das Leben unbemerkt unter den Händen zerrinnt, muß er seine Gelüste beherrschen, sie zuweilen begrenzen. Er muß wissen, daß

seine Gesundheit ein Kapital ist, das er nicht vergeuden darf. Und daß es dieses Kapital ist, das ihn reich macht. Wenn er es bewahren will, muß er maßhalten und die Einfachheit wählen.
Es gilt, den bequemen, anziehenden Vergnügungen zu widerstehen. Der Mensch muß auch den echten, aber zweitrangigen Freuden widerstehen, denn wenn er sie zu oft sucht, verhindern sie, daß er höhere und dauerhaftere Freuden erringt.
Auch hier: Er muß wählen.
Wissen, was wichtig ist. Die anregende und flüchtige Wärme des Alkohols oder das klare und frische Wasser des Lebens.

Ich betrachtete Jacques. Er trank langsam, und ich erkannte an seinen Gesten das Vergnügen, das ihm der edle Rotwein bereitete. Einige Jahre zuvor hatte er, wie er mir erzählte, ein Magengeschwür gehabt. Als er eines Tages aus der Redaktion kam, hatten ihn fürchterliche Schmerzen zerrissen. Durchgebrochenes Magengeschwür. Sofortige Operation.

»Seitdem ist alles in Ordnung«, sagte er, »ich kann essen und trinken wie vorher. Sie werden nie wissen, was das für mich bedeutet – dieser Käse mit einem Glas Rotwein.«

Ich wußte es. Ich wußte alles über Alkohol und Wein. Und dennoch habe ich auf das Vergnügen verzichtet, und es fehlte mir nicht. Aber Jacques konnte nicht darauf verzichten. Obwohl er seine Gesundheit gefährdete und ich mich bemühte, ihm das klarzumachen. Warum versteifte

Achtes Kapitel

er sich so? War es ein echtes Bedürfnis? Etwa wie das Bedürfnis, das die jungen Drogensüchtigen zwingt, unablässig nach einer neuen Dosis ihrer Droge zu suchen, sie zwingt, ihr Leben aufzugeben in diesem Rennen nach kurzen und eingebildeten Freuden? Aber war es überhaupt eine Frage des Körpers? Es ging in Wahrheit um den Geist, um das Ich, den Charakter.

Wenn dem Menschen ein Ziel fehlt, das ihn überragt, wenn er die Hoffnung aufgegeben hat, daß er doch noch ein Leben nach seinem Maß aufbauen wird, wenn er auf den Gipfel verzichtet hat, wenn er sich entschließt, Tag auf Tag weiterzugehen, ohne überhaupt zu wissen, wohin er geht, dann kann es sein, daß er sich auf den Weg der armseligen Vergnügen begibt. Und dort kann er sich verlieren, seinen Körper zerstören. Und zugleich wird sein Mut geschwächt, sein Denken verarmt, er verzichtet wieder etwas mehr darauf, sich zu erheben.

Dina gab mir die Kraft, die echten Freuden zu wählen, nicht die von Alkohol, Essen und irgendeiner Droge. Mit Dina hatte ich kein Verlangen mehr nach mittelmäßigen Vergnügungen. Ich hatte meinen Hafen, meinen Frieden gefunden, ich hatte Anker geworfen. Ich sah meine Kinder, sah sie laufen, wachsen, hörte, wie sie Klavier spielten. Ich wollte lange leben, um sie zu beschützen, zu beobachten, wie sie sich entfalteten, um zu wissen, wie sie als Erwachsene sein würden. Ich hatte das Glück erreicht. Ich brauchte keinen Alkohol mehr. Eine saftige Frucht genügte mir. Freude und Hoffnung berauschten mich.

Das alles fehlte Jacques zweifellos. Er lebte nach seiner

Scheidung allein. Für andere interessierte er sich kaum. Zur Stiftung war er eher gekommen, weil er eine Anstellung brauchte, als um sich einer Sache zu widmen. Glücklich war er nicht.

Damit ein Mensch zur Fülle des Lebens gelangt, muß er wirklich Mensch sein, er muß eine Welt um sich schaffen, deren Mittelpunkt er ist. Das kann ein Werk sein; das Gemälde eines Malers oder das Möbelstück eines Tischlers; das Feld eines Bauern, die Seite Text des Schriftstellers. Eine Familie kann es sein. Denn der Mensch hat ein Bedürfnis, die starke Säule eines Tempels zu sein, den er gebaut und erhalten hat.

Jetzt bin ich wieder allein. Doch da sind die Briefe, die ich zu Tausenden erhalten habe. Da ist das Buch, das ich schreibe und das zu anderen sprechen wird, und in meiner Einsamkeit bin ich wieder eine aufrechte Säule geworden. Mein Leben hat einen Sinn, weil mich die Brüderlichkeit der anderen umschließt.

Denn kalte Vernunft genügt dem Menschen nicht. Sie ist nur die Erde, die Wasser braucht, damit die Keime sprießen. Das Wasser, das ist die Liebe, das sind die anderen, das ist die Hoffnung, der Glaube, daß schon morgen in jedem Menschen und zuerst in einem selbst das Neue und Schöne entsteht, die Gewißheit, daß der Mensch in Frieden und Zufriedenheit leben kann, mit sich selbst und den anderen.
Und wenn das Leiden ausbricht, und das tut es eines Tages, weil der Tod immer gegenwärtig sein wird, bleibt noch die

Achtes Kapitel

Hoffnung, daß der Mensch dieses Leiden meistern und fruchtbar machen kann, daß er daraus die Gewißheit eines sinnvolleren, erhabeneren, besseren Daseins gewinnt: in diesem zerbrechlichen Wunder, das Leben heißt.

Ich bin wieder ausgegangen. Ich marschiere. Der Nebel hat sich gehoben, und die unendliche Nacht sieht mir zu.

Ich habe das Recht, mit hocherhobenem Kopf zu gehen, das Gesicht dem dunklen Himmel zugewandt.

Ich kann mit Recht sagen, daß ich versucht habe, wie ein Mensch zu leben.

Heute abend habe ich das vorliegende Buch beendet. Ich möchte es anderen hinhalten, wie ich einst meinen Kindern die Hand hingehalten habe; nicht, weil ich mir einbilde, Weisheit zu besitzen. Aber ich habe das Recht zu sprechen. Ich habe nur eine bescheidene Überlegenheit, die meines Leidens. Und ich habe meine Stimme, die sich erhebt. Die da sagt:

Das Leben ist unzerstörbar. Trotz dem Tod.
Die Hoffnung ist ein frischer Wind,
der die Verzweiflung wegfegen muß.
Der andere ist eher Bruder als Feind.
Um zu leben,
muß man die Liebe und die Hoffnung auf sich nehmen.
Man muß versuchen,
in sich die verstreuten Teile wieder zu sammeln,
die unsere Persönlichkeit bilden.
Wir müssen an edle Worte glauben:
Brüderlichkeit, Pflicht, Achtung vor den Menschen.

Und meine Stimme erhebt sich und wiederholt:

Daß man niemals an sich und an der Welt verzweifeln darf.
Daß die Kräfte in uns,
die Kräfte, die uns erheben können,
gewaltig sind.
Daß unser Wille eine unvermutete Kraft besitzt.
Daß wir, wenn wir es wollen, immer neu aufbauen können.

Und wieder sagt meine Stimme:

Laßt uns von der Liebe reden und nicht die Worte des Zorns und der Zuchtlosigkeit gebrauchen.
Um eine Wahrheit, ein Prinzip der Brüderlichkeit zu verteidigen, muß man alles wagen.
Und manchmal müssen wir gegen uns selbst kämpfen und gegen die anderen, die in sich die barbarischen Dämonen hochkommen lassen.

Und meine Stimme ruft:

Es ist die königliche Bestimmung und die Qual des Menschen, immer wieder neu anzufangen, um die Flamme der Hoffnung weiterzutragen, trotz dem Tod, der wie ein Meer kommt, um die Spuren der Schritte im Sand zu löschen.
Wir müssen wieder anfangen, neu beginnen und die Angst verbannen.

Und ich schreie hinaus:

Das Leben beginnt heute und jeden Tag,
das Leben ist die Hoffnung.

Man muß mir glauben, weil ich es durchlebt habe.

Ein Wort zum Schluß

Dieses Buch habe ich geschrieben, um das Leben zu verstehen, mein Leben; und ich habe es für Sie geschrieben, weil ich versuchen wollte, etwas Nützliches zu tun.

Wenn das Buch, wie ich hoffe, Ihnen helfen konnte, wenigstens im Ansatz Antworten auf die Fragen zu finden, die sich jeder Mensch stellt, dann bitte ich Sie – aber das haben Sie sicherlich schon begriffen –, diejenigen damit bekannt zu machen, die wie ich und Sie nach einer Stimme der Freundschaft verlangen, die sich an sie wendet.

Wenn Sie mögen, schreiben Sie mir! Meine Adresse: Martin Gray, F-83141 Tanneron, Frankreich.

Es würde mich freuen, mit Ihnen den offenen Dialog fortzusetzen, der mit meinem ersten Buch begann und mit dem vorliegenden Band weitergeht.

Martin Gray

Die Dina-Gray-Stiftung

Für den Schutz des Menschen einzutreten sollte Ziel und Zweck eines jeden von uns sein.

Dem Schutz des Menschen hat sich die Dina-Gray-Stiftung verschrieben, die von Martin Gray im Gedenken an seine Frau Dina und seine vier Kinder gegründet worden ist.

Für den Schutz des Menschen einzutreten heißt aber auch, die Umwelt des Menschen zu schützen, also alle Formen von Leben, mögen sie uns auch noch so einfach erscheinen: schon das pflanzliche Leben in allen seinen Formen gehört dazu.

Die Welt ist ein großer Zusammenhang. Wer die Natur zerstört, der bringt damit das Leben der Menschen in Gefahr.

Es sollte die vornehmste Aufgabe von uns allen sein, den Menschen in und mit seiner lebendigen Umwelt zu schützen. Das erfordert unsere Aufmerksamkeit, Wachsamkeit, unsere Solidarität. Entsprechende Aktionen bedürfen der Organisation. Zusammen mit anderen Personen und Gruppen hat die Dina-Gray-Stiftung sich zum Ziel gesetzt, gemeinsames Handeln anzuregen und zu organisieren.

Dazu bedarf es nicht unbeträchtlicher finanzieller Mittel. Die Dina-Gray-Stiftung lebt von den Einkünften aus dem Verkauf der Bücher von Martin Gray. Die Gesamtauflage dieser in achtzehn Sprachen übersetzten Bücher ist sehr hoch; die daraus fließenden Einkünfte sind nicht gering. Trotzdem reichen sie noch nicht aus. Deshalb appelliert Martin Gray an alle seine Leser, zu einer noch größeren Verbreitung beizutragen und sein Werk auch direkt zu unterstützen. Wer das tun möchte, ist eingeladen, der Dina-Gray-Stiftung beizutreten.

Bitte wenden Sie sich schriftlich an:
Fondation DINA GRAY
Domaine des Barons
F-83141 Tannerons
France

Manfred Bieler

„Auf reizvoll verschlungenen Wegen nähert sich der Roman seinem inneren Mittelpunkt, der Frage nach der Verwirklichung von Liebe und Treue in einer staatlich geplanten Welt, wo der ‚Untermieter Angst' nie ganz zum Schweigen kommt ... Ein eindrücklicher, farbiger Bilderbogen des ostdeutschen Alltags."
Neue Zürcher Zeitung

(6530)

Begrenzt in ihrer Einsicht, allein mit ihren Gedanken und Gefühlen und doch bereit zum Neuanfang: die Menschen dieses dramatischen Romans einer Ehe.
(3998)

GOLDMANN

STEFAN HEYM

Ahasver	Wege und Umwege	Gesammelte Erzählungen	Märchen für kluge Kinder
Roman			
Werkausgabe	Werkausgabe	Werkausgabe	Werkausgabe
7113	7112	7111	7109

Collin	Der König David Bericht	5 Tage im Juni	Der Fall Glasenapp
Roman	Roman	Roman	Roman
Werkausgabe	Werkausgabe	Werkausgabe	Werkausgabe
7110	7108	7107	7106

Der bittere Lorbeer
7101

Goldsborough
7102

Lenz oder die Freiheit
7103

		Die Augen der Vernunft	Lassalle
		Roman	Roman
		Werkausgabe	Werkausgabe
		7105	7104

GOLDMANN

Meisterwerke der WELTLITERATUR in Geschenkausgabe

ANNETTE VON DROSTE-HÜLSHOFF
DIE JUDENBUCHE
EIN SITTENGEMÄLDE AUS DEM GEBIRGICHTEN WESTFALEN
8672

JOSEPH FREIHERR VON EICHENDORFF
AUS DEM LEBEN EINES TAUGENICHTS
ERZÄHLUNG
8673

THEODOR FONTANE
EFFI BRIEST
ROMAN
8674

E.T.A. HOFFMANN
NUSSKNACKER UND MAUSEKÖNIG
MÄRCHEN
8675

GOTTFRIED KELLER
ROMEO UND JULIA AUF DEM DORFE
ERZÄHLUNG
8676

GOLDMANN

GOLDMANN Walter Kempowski

„Die Treffsicherheit, mit der Kempowski den 'Originalton' der Zeit wiedergibt, ist verblüffend, und man bewundert, wie all die Gesprächsfetzen, Alltagsszenen und sehr privaten Begebenheiten zu einem großen Zeitgemälde zusammenwachsen."

Aus großer Zeit
Roman. (3933)

Schöne Aussicht
Roman. (6721)

Tadellöser & Wolff
Roman. (3892)

Herzlich willkommen
Roman. (6833)

Bestseller aus Frankreich

Françoise Sagan
Willkommen Zärtlichkeit
6772

Françoise Sagan
Das Lächeln der
Vergangenheit 8810

Hervé Bazin
Familie Rezeau
6812

Hervé Bazin
Ein Feuer brennt das
andere nieder 8625

Cavanna
Die Augen größer
als der Magen 6829

GOLDMANN

Literatur aus Brasilien

GOLDMANN

Jorge Amado
Herren des Landes
8624

Jorge Amado
Das Land der goldenen Früchte
8842

Erico Verissimo
Die Zeit und der Wind
8818

Erico Verissimo
Das Bildnis des Rodrigo Cambará
8921